DAS ODERBRUCH ENTDECKEN

Bernd Siegmund

Das ODERBRUCH entdecken

Ausflüge in eine faszinierende Region

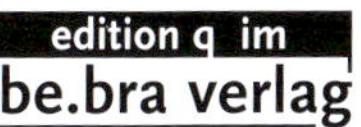

Bibliografische Information der Deutschen Nationalbibliothek
Die Deutsche Nationalbibliothek verzeichnet diese Publikation in der Deutschen Nationalbibliografie; detaillierte bibliografische Daten sind im Internet über http://dnb.d-nb.de abrufbar.

1. Auflage

Asternplatz 3, 12203 Berlin
post@bebraverlag.de
Lektorat: Ingrid-Kirschey Feix, Berlin
Umschlag: Fernkopie, Berlin (Foto: © Shutterstock)
Satz: typegerecht berlin
Schrift: Milo 9/12,5 pt
Druck und Bindung: Graspo, Zlín
ISBN 978-3-86124-747-0

www.bebraverlag.de

Inhalt

Einführung

In 8 Tagen durch das Oderbruch

Einführung

Im Gegensatz zum Beinbruch tut das Oderbruch nicht weh. Das kleine Stückchen Erde an der Grenze zu Polen hat alles, was es braucht, um schön zu sein. Flüsse und Täler, Wiesen und Wälder, Blumen, Seen, Tiere, einen weiten Himmel, Kirchen, Dörfer und Städte, nette Menschen, Deiche, Wind und Berge. Ja, auch die.

Keine, die in den Himmel wachsen, aber der Pimpinellenberg bei Oderberg bringt es immerhin auf 120 Meter Höhe. Für ein flaches Land ist das schon alpin. Und auch die wilde Berg- und Talfahrt von Niederfinow nach Oderberg – mit scharfen Kurven und engen Serpentinen – spricht Bände. Insgesamt aber ist das Oderbruch ein eher flaches, stilles Land. Weit und offen. Man kann schon morgens sehen, wer abends zu Besuch kommt. So sagt man hier.

Die Landschaft, durch die sich die Oder schlängelt, ist von anrührender Schönheit. Kopfweiden stehen wie verkrüppelte Gespenster im Gegenlicht und malen ein Bild, das voller Geschichten steckt, die noch nicht (oder nur selten) erzählt wurden.

Die Landschaft

Unklar ist, wer die Kühlschranktür offengelassen hat. Auf alle Fälle wurde es auf dem Planeten Erde plötzlich bitterkalt. Alles Leben erfror. Wissenschaftler sprechen von der letzten Hauptvereisungs-Periode, die vor circa 120 000 Jahren begann. Und innerhalb dieser war es die Weichsel-Kaltzeit, die geologisch das Oderbruch zu verantworten hat.

Gewaltige Gletschermassen schoben sich, von Skandinavien kommend, über das Land. In dem Eishaufen steckten, wie in einem Überraschungspaket, Erdmassen, allerlei Geröll und riesige Steine. Als es um 12 000 vor unserer Zeit wärmer wurde, begann die nordische Eiszunge zu tauen und gab den ganzen Schutt frei. Aus diesem glazialen Chaos formte sich langsam, im ewigen Spiel von Wind, Feuer und Wasser, eine neue Welt.

Geröllwände wuchsen empor, Rinnen und Gräben entstanden, Schluchten, Täler, Endmoränen. In dieser Zeit bildeten sich auch (unter anderem) die Hügelkette des Barnim und die Lebuser Hochfläche. Die in der Tiefe eingeschlossenen Toteisblöcke hielten sich lange Zeit wacker. Nach und nach aber begannen auch sie zu tauen, und gaben ihre Größe auf.

Die Weichsel-Kaltzeit ließ eine flache, von Urstromtälern durchzogene Landschaft zurück. Mit Auen, Mooren und glasklaren Seen. Und einen Fluss, die Oder, der in einer 50 bis 60 Meter tiefen Wanne aus Toteis-Resten seinen Platz fand. Das Oderbruch, quasi als Zwickel zwischen dem Frankfurter und dem Pommerschen Endmoränenzug gelegen, wurde vom Tauwasser des Gletschers überschwemmt. Da das Geländeprofil nur ein geringes Gefälle aufwies, und die Oder häufig und gern ihr Flussbett verließ, um weitläufig zu mäandrieren, bildete sich schnell eine Sumpf- und Wasserwüste.

Lange Zeit stritten die Experten, ob das Oderbruch als beherrschender Teil des Odertals durch einen tektonischen Grabenbruch entstand, oder ein Ergebnis der Eiszeit ist. Der Streit ist geklärt, die Eiszeit hat gewonnen. Seither ist auch klar, warum Brandenburg ein so steinreiches Land ist.

Überall auf Feld und Flur findet man noch heute kleine Allerwelts-Klamotten, die in der Eislawine gesteckt hatten. Während sie in der Erde gleichsam nachzuwachsen scheinen, sind die mächtigen erratischen Blöcke, die Irrsteine oder Findlinge, Unikate. Ihre Herkunft beschäftigte lange Zeit die Fantasie der Menschen. Selbst der große Dichter und Naturwissenschaftler Johann Wolfgang von Goethe meldete sich zu Wort. Er hielt nichts von der Theorie, wonach die Steinriesen im Inneren des Eisstroms den weiten Weg von Skandinavien nach Brandenburg zurückgelegt hätten. Für ihn waren sie Teil eines Urgebirges, das einst im Norden Deutschlands in den Himmel wuchs. »Mir mache man aber nicht weis«, so der Dichterfürst, »daß die in den Oderbrüchen liegenden Gesteine, daß der Markgrafenstein bei Fürstenwalde weit hergekommen sei; an Ort und Stelle sind sie liegen geblieben, als Reste großer, in sich selbst zerfallender Felsmassen.«

Dem schwedischen Geologen Otto Martin Torell blieb es vorbehalten, dem Findlings-Streit ein wissenschaftliches Ende zu bereiten. 1875 legte er der Deutschen Geologischen Gesellschaft zu Berlin den Beweis vor, dass die Findlinge geborene, mit der Eiszeit gereiste, Skandinavier waren.

43 solch geheimnisvoller Steine gibt es in Brandenburg. Zu den mächtigsten gehört der von Goethe erwähnte »Markgrafenstein« in den Rauener Bergen. Und der »Große Stein«, der im Ortsteil Neuendorf bei Oderberg steht.

Flora und Fauna

Nach dem Abschmelzen der großen Eislawine ließ Mutter Natur im Zeitraffer Blütenstaub und Samen einfliegen, Birken, Weiden, Kiefern begannen zu wachsen, Blumen, Sträucher, Eichen, Pappeln, Linden und Ulmen kamen hinzu. Ein dichter Eichen-Erlen-Mischwald, durchsetzt von zahllosen kleineren und grö-

EINE SCHALE FÜR WILHELM

Der »Große Stein«, ein Granitblock von 6 Metern Länge, 4 Metern Breite und 3,5 Metern Höhe hätte berühmt werden können. Ein wirklicher Kaventsmann. Aus ihm sollte der Berliner Steinmetz Christian Gottlieb Cantian 1825 eine Schale für König Friedrich Wilhelm III. schlagen. Es war dem dritten Wilhelm zu Ohren gekommen, dass der englische Gesandte in Preußen, Herzog von Devonshire, sich so ein Teil hat anfertigen lassen. Nun wollte der König auch. Natürlich sollte sie größer sein als die vom Herzog.

Cantian, der schon Erfahrung mit derartigen Objekten hatte, von ihm stammt schließlich die Große Granitschale im Berliner Lustgarten, war hoch erfreut und meldete seinem König, dass er einen Stein in Neuendorf nahe Oderberg kenne, der wohl eine Schale von 17 Fuß Durchmesser ergäbe und sogar noch ansehnlicher ausfallen würde, als die berühmte Porphyrschale im Rundsaal des Vatikans. Der geschäftstüchtige Cantian veranschlagte 12 000 Taler für das Projekt und bat um eine Fertigungszeit von zwei Jahren. Der Abtransport nach Berlin sollte über die nahe gelegene Alte Oder erfolgen. Das war der Plan!

Allein bei der Spaltung des Steins traten Probleme auf. Sie endete unglücklich. Und so steht der Granit heute noch da, wo ihn die eisige Zunge, die skandinavische, abgelegt hat.

Schwan im Tiefflug: Das Oderbruch garantiert Naturerlebnisse pur.

ßeren Oderarmen, breitete sich aus. Das Landschaftsbild des Oderbruchs wurde bestimmt von einer weiten, nur durch kleine Hügel unterbrochenen Ebene. Wo früher herrliche Auenwälder wuchsen, stehen heute einzelne Bäume oder Baumgruppen. Typisch ist die Kopfweide, der Charakterbaum des Bruchs. Zahlreiche alleinstehende Gehöfte, Altwässer und Entwässerungsgräben geben der Flusslandschaft eine seltsame Melancholie. Es ist schwer, sich dieser Stimmung zu entziehen.

Während in der Talniederung vor allem das Oderwasser die Vegetation bestimmt, werden die Pflanzengemeinschaften an den Uferhängen vom dort herrschenden Standortklima bestimmt. Sandnelke, Wiesenkuhschelle, Kreuzenzian, Salbei, Königskerze, Buschwindröschen, Adonisröschen oder Sibirische Glockenblume sind hier zu finden.

Ornithologen kennen 138 Vogelarten, die im Oderbruch heimisch sind. Davon stehen 27 unter dem besonderen Schutz des Gesetzes, sind vom Aussterben bedroht. So der auf den Sandbänken bei Küstrin-Kietz brütende »Flußuferläufer«, die Trauerseeschwalbe, die im Schilfgebiet des Kalenziger Polders zu beobachten ist, oder die Große Rohrdommel.

Fast jedes Dorf entlang der Oder hat »seinen privaten« Storch.

Rot- und Schwarzmilan, Rohrweihe, Kranich, Sperbergrasmücke, Fischreiher und Eisvogel sind fast flächendeckend in ihren Bruthabitaten zu sehen.

Schwärme von wilden Gänsen und Enten bedecken besonders im Frühjahr die Gewässer. Der Wachtelkönig ist ab Mai zu hören, Blaukehlchen, Brachpieper, Heidelerche und Ortolan sind nur mit Glück anzutreffen. Es gibt auch den stolzen Seeadler im Oderbruch, und den Schwarzstorch.

Äußerst selten geworden ist die Sumpfschildkröte, die es früher in Mengen gab, sie lebte entlang der alten Oderläufe. Natürlich gibt es Rotwild, Schwarzwild, Fischotter, und selbst der Wolf ist zum Entsetzen vieler Schäfer seit Februar 2018 wieder gesichtet worden.

Probleme machen die Biber, die nicht die geringste Achtung vor den Deichen haben. Eine LKW-Trasse, die luftverpestend durchs Oderbruch nach Polen führen soll, will den lieblichen Gesang der Vögel durch Motorenlärm überdecken. Und unsere polnischen Nachbarn würden gern das Flussbett der Oder ausbaggern, um es lastkahnkonformer zu machen. Das sorgt für Freude bei der Industrie und für Sorgen bei den Naturschützern. Das letzte Wort ist noch nicht gesprochen. Auch im Oderbruch ist der Artenreichtum in Flora und Fauna rückläufig. Der Klimawandel macht keinen Bogen um dieses Fleckchen Erde.

Die große Trockenlegung

Und dann sagte der Tourist völlig unbefangen: der Oderbruch. Um Gottes Willen, man hörte förmlich, wie die Gesellschaft erstarrte. Menschen, die gerade noch freundlich geguckt hatten, wandten sich pikiert ab. Eine gebildete Dame raunzte mit spitzen Lippen: »Es muss das Oderbruch heißen, mein Herr, das Oderbruch.« Sie dozierte über die Bedeutung des Wortes Bruch, erklärte, dass es aus dem Mittelhochdeutschen komme, »Bruoch« geschrieben werde und Sumpfland bedeute. »Das Sumpfland, das Oderbruch …« Alle um sie herum nickten. Nur der »Übeltäter« hatte den Raum bereits verlassen.

Das Oderbruch ist im Sommer wunderschön. Sonnenblumenfelder wachsen in den Horizont, das Grün der Wiesen ist mit farbenfrohen Blumen verziert, mal sanft, mal ruppig streicht der Wind durch gelbe Weizenteppiche.

Kleine Dörfer liegen wie wehrhafte Inseln in der weiten, ebenen Flusslandschaft. Schon fast ein wenig kitschig wirken die Störche auf den Dächern der Häuser. Die Zeit scheint stehengeblieben zu sein.

Die Oder ist hier allgegenwärtig. Wie ein guter Gedanke. Sie bestimmt das Tun und Lassen der Menschen, die in der Gegend arbeiten und leben. Rund 19 000 Oderbrücher wurden Ende 2020 gezählt. Statistisch gesehen kommen 31 Einwohner auf den Quadratkilometer. Oderbrücher nennen sich die Menschen, die hier leben. Das Städtchen Oderberg im Norden, Lebus im Süden, die B 167 im Westen und die neumärkischen Höhen auf der polnischen Seite im Osten bilden die natürliche Grenze dieses rund 600 Quadratkilometer großen Landstrichs, von dem der »Alte Fritz« gesagt haben soll: »Hier habe ich im Frieden eine Provinz erobert, die mir keinen Soldaten gekostet hat.«

Das Zitat, grammatikalisch bedenklich, liest sich zwar gut, gehört aber ins Reich der Legenden. Im Jahre 1770, auf der Durchreise von Ostpreußen ins heimatliche Potsdam, machte Friedrich II. in Schiffmühle Station, um sich mit einer Schar handverlesener Beamter und Kolonisten zu treffen. Bei dieser Gelegenheit sagte er wörtlich: »Ich habe eine Provinz gewonnen!« Mehr nicht! Es gibt einen Ohrenzeugen für die schlichte Aussage, den Königlich Preußischen Kammerrat Friedrich Wilhelm Noeldechen.

Und was die Soldaten anbelangt ... Die Trockenlegung des Oderbruchs hat eine ganze Reihe von Menschen das Leben gekostet. Soldaten, Sträflinge, Arbeiter, die Zahl der Toten ist nicht überliefert, aber – unter uns gesagt – man war nicht zimperlich.

Dr. Reinhard Schmook, der Leiter des Oderlandmuseums in Bad Freienwalde, ein freundlicher Mann mit lebensfrohen, klugen Augen, hat das Oderbruch ins berufliche Zentrum seines Lebens gestellt. »Selbst von der Weltraumstation ISS aus ist das kleine Fleckchen Erde deutlich zu sehen«, sagt er. »So scharf, als hätte es jemand mit der Kuchenform ausgestochen.«

Die Trockenlegung von 1747 bis 1753 war ein großes Landschaftsabenteuer. Man wusste zwar, wie ertragreich der Boden im Oderbruch ist, konnte dies Geschenk aber nicht annehmen, da der Fluss mit schöner Regelmäßigkeit zweimal im Jahr das Land flutete. Nur die höher gelegenen Teile ragten dann wie Schiffbrüchige aus dem Wasser. So »... im Frühjahr um die Fastenzeit, nach der Schneeschmelze an Ort und Stelle, und um Johanni, wenn der Schnee in den Sudeten schmolz und Gewitterregen das Wasser verstärkte«, schrieb Theodor Fontane in seinen »Wanderungen durch die Mark Brandenburg«.

Dabei glichen die Bodenrichtwerte im Oderbruch denen der Magdeburger Börde. Und die sind in Deutschland das Maß aller Dinge. Sie werden vielerorts mit 100 beziffert. Also musste etwas geschehen, um die Fruchtbarkeit nutzen zu können.

»Die Landwirtschaft war aber nur die eine Seite der Medaille«, sagt Reinhard Schmook, »die andere hatte etwas mit Machtpolitik zu tun. Preußen war dünn besiedelt, die häufigen Kriege hatten das Land ausgeblutet. Friedrich brauchte Untertanen, Einwanderer, die in der Lage waren, Steuern zu zahlen. Steuerzahler galten ihm als der eigentliche Reichtum des Landes.«

Aber waren nicht die Bauern in Preußen sowieso steuerpflichtig?

»Nein«, sagt Reinhard Schmook, »die meisten waren erbuntertänig, sie zahlten ihre Abgaben direkt an den Gutsherrn.«

Und was war mit dem Adel?

Fluss-Landschaft: Öffnet sich der Himmel, oder bleibt es trocken?

»Der Adel in Preußen war wichtig für die Armee, da kam der König nicht ran! Außerdem zahlte der auch keine Steuern. Also musste er sich Menschen aus dem Ausland holen. Dazu aber brauchte er neues, freies Land.«

So wuchs ganz allmählich der Gedanke, die »wüste und wilde Fläche« (Fontane) des Oderbruchs trocken zu legen. Zu kultivieren!

Schon Friedrichs Vater Friedrich Wilhelm I., der »Soldatenkönig«, hatte 1717 damit begonnen, das Obere Oderbruch in ein wasserdichtes Korsett zu zwängen. Erfolgreich wurde das Land von Lebus bis Zellin (heute Czelin) eingedeicht.

Die Leitung dieser Arbeiten lag in den Händen von Simon Leonhard von Haerlem. Der holländische Wasserbauingenieur, Oberdeichinspektor, war übrigens ein Riese von Gestalt, fast zwei Meter hoch. Es wirft ein bezeichnendes Licht auf die damaligen Zustände, dass von Haerlem es für nötig hielt, sich vom König »die eigenhändige Versicherung« geben zu lassen, dass er nicht »versehentlich« in die Potsdamer Grenadier-Leibwache gesteckt werde, zu den »Langen Kerls«. Natürlich kannte von Haerlem die Vorliebe des Soldatenkönigs für Männer ab 1,88 Meter Körperhöhe. Akquisiteure reisten durch ganz Europa auf der Suche nach so seltenen »Exemplaren«. Betrug doch die durchschnittliche Körpergröße eines Mannes zu damaliger Zeit »nur« 167 Zentimeter. Es gab sogar eine Art von Menschenhandel. Ein »Spion« spürte den prächtigen Burschen auf, »Werber« versprachen ihm das Blaue vom Himmel und »Lieferanten« verfrach-

Mähdrescher: Die Bodenrichtwerte gleichen denen der Magdeburger Börde.

teten den »Riesen« – oft gegen seinen Willen – ins Leib-Regiment. Gekämpft haben die »Langen Kerls« nie. Sie waren lediglich dazu da, beeindruckend auszusehen, gut marschieren zu können und dem König Freude zu bereiten.

Dreißig Jahre später beauftragte Friedrich II. denselben Simon Leonhard von Haerlem damit, das Untere Oderbruch einzudeichen. Der König wollte Nägel mit Köpfen machen.

Die Trockenlegung, wir würden die Sache heute wirtschaftsfördernde Maßnahme nennen, begann 1747. Die Oder, die mit 2 bis 5 Metern über dem Meeresspiegel das am tiefsten liegende Gebiet der Mark Brandenburg war, sollte begradigt werden, von Güstebiese bis Hohensaaten ein 20,3 Kilometer langes, neues Bett erhalten. Ein System aus Deichen, Schöpfwerken, Gräben, Kanälen, Vorflutern und Messpunkten würde zudem dafür sorgen, den Untiefen der Oderbruchwildnis das Wasser abzugraben. Fruchtbares Ackerland sollte entstehen. Dass war von Haerlems Idee. Und sie klang gut.

Aber Friedrich, misstrauisch, ließ den Plan erst einmal von dem Mathematiker Leonard Euler prüfen. Als der gebürtige Schweizer, der 25 Jahre lang an der Preußischen Akademie der Wissenschaften zu Berlin tätig war, den Daumen hob, alle Berechnungen bestätigte und der spektakulären Flussverlegung zustimmte, trieb Friedrich das Projekt mit Energie voran. »Recht sehr gut« schrieb er unter Eulers Bericht. – Von nun an gingen beinahe täglich »Ordres« an General von Retzow, dem Bauleiter des Projekts. Selbst über kleinste Details ließ sich Friedrich informieren.

Nur sechs Jahre dauerte es, dann war der Fluss begradigt. Am 2. Juli 1753 wurde der »Hauptfangedamm bei Güstebiese durchstochen. Der alte Strom sank und konnte die Gewässer aus seinen Nebenarmen, und diese wieder aus den See'n aufnehmen«, schrieb Walter Christiani 1872 in seinem Buch »Das Oderbruch«. Und er setzte hinzu: »So kam das von ihnen bedeckte Land zum Vorschein und man sah nun entwässerten Boden, den vielleicht noch nie die Sonne beschienen und erwärmt hatte.«

Das Oderbruch konnte auf intensive Landwirtschaft umgestellt werden. Es fehlten nur noch neugierige, unternehmungslustige Menschen, die, fern der Heimat, ein neues Leben beginnen wollten. Der König hatte klare Vorstellungen, wer seine neue Provinz besiedeln sollte.

Reinhard Schmook: »Nur Ausländer wurden berücksichtigt. Bedrängte und Verfolgte. Glaubensflüchtlinge mit Wirtschaftskraft. Seine Beamten hatten darauf zu achten, dass sich keine armen Schlucker unter die Neubürger mischten. Eine Ausnahme bildeten die aus den Ostgebieten, aus Posen beispielsweise.«

Glaubensflüchtlinge wurden gezielt angesprochen. – Kommt nach Brandenburg, hieß es in einer groß angelegten Werbeaktion, da könnt ihr euren Glauben leben, bekommt ein Haus, einen Hof, ihr seid 15 Jahre lang von der Steuer befreit, erhaltet Land, ein Startgeld, müsst nicht zum Militärdienst! Das waren starke Argumente, die auf insgesamt 6 137 Einwanderer Eindruck machten. In dieser Zahl steckten 1 134 Bauernfamilien und 363 Familien, die sich mit Wollespinnen ihren Lebensunterhalt verdienten. Alle wussten, dass das Leben in der neuen Heimat hart werden würde. In vielen Wohnzimmern hing der mit Goldfäden auf Samt gestickte Spruch: »Des Ersten Tod, des Zweiten Not, des Dritten Brot.«

Die Neubürger kamen aus Sachsen und Mecklenburg, Polen und Schweden, aus dem katholischen Salzburg, aus Kärnten und Tirol, aus Württemberg, Hessen, der Pfalz und aus dem schweizerischen Neuchatel. Alle sprachen deutsch. Und wer es nicht konnte, der musste es lernen. Um den französischen Schweizern das neue Leben etwas angenehmer zu machen, gab man ihren Siedlungen so vertraute Namen wie Beauregrad, Croustillier und Vevais. So heißen sie noch heute.

An alles war gedacht. Es gab drei unterschiedlich große Haustypen. Das größte war durchaus repräsentativ, das mittlere hatte eine gute Familiengröße und das kleinste, ein Doppelhaus, war gedacht für jene Einwanderer, die nur zehn Morgen Land bearbeiten würden. Diese Doppelhaushälften wurden »Zankhäuser« genannt, da der Ärger in ihnen eingebaut schien. Den Begriff hat vielleicht sogar Friedrich II. geprägt, als er 1755 in Neubarnim ein Doppelhaus besuchte. Er sagte: »Hier hat ja mein Minister lauter Zankhäuser gebaut.«

Die enge Nachbarschaft sorgte für so manchen Streit zwischen den Familien. Es gab Schlägereien, Missverständnisse, Neid und Missgunst, es ist eben nicht jedem gegeben, Wand an Wand mit Fremden in Harmonie zu leben. Jede Wohnung im »Zankhaus« bestand aus einem kleinen Vor- und Hinterflur, der »schwarzen Küche«, einer Kammer, einer großen und einer kleinen Stube. Die Stuben waren die einzigen beheizbaren Räume des Hauses.

Das Berliner Unternehmen, das die Typenbauten entwickelt hatte, sparte, wo es nur ging. »Liederliche Arbeit, die Verwendung schlechten Materials und allerhand Durchstechereien vervollständigten dieses trübe Bild«, schrieb Peter Fritz Mengel in seinem Standardwerk »Das Oderbruch«. Die Wände waren schlecht isoliert, die Schwellen wurden einfach auf die feuchte Erde gelegt, und faulten langsam vor sich hin. Nach zwanzig Jahren waren die Häuser abbruchreif. Aber da hatten die Neuland-Pioniere in der Regel schon genug Geld erwirtschaftet, um sich etwas Eigenes leisten zu können. »Es gibt heute im Oderbruch kein einziges originales Kolonisten-Haus mehr«, sagt Reinhard Schmook.

Das Land wurde in den Größen 90 Morgen, 60, 45, 25 oder 10 Morgen Ackerland verteilt. Die Größe der zurückgelassenen Güter war ein »in-etwa-Richtwert« für die neuen Besitzungen.

Wriezen galt als Einwandererhauptstadt. Dort saß die Prüfungskommission. Vor der musste sich jeder nackig machen. Wo kommst du her? Wieviel Geld hast du mitgebracht? Welche Ackergeräte sind dein Eigentum? Wenn die Auskünfte zur Zufriedenheit ausfielen, bekamen die Einwanderer ihren Kolonistenbrief, in dem alle Rechte und Pflichten fein säuberlich aufgeführt waren.

Am Ende, als man dem König die Bruch-Rechnung präsentierte, sah er, dass unter dem Strich ein dickes Plus stand. 43 neue Dörfer waren entstanden, rund 110 000 Morgen Land gewonnen worden. 48 Prozent der Fläche gehörten dem König, 26 Prozent dem Johanniter-Orden und 18 Prozent dem Adel. Friedrich II. verteilte das gesamte, ihm gehörende Land an die Kolonisten. Was er behielt, waren zehn sogenannte Herrenwiesen, die er peu á peu in Pachtgüter umwandelte. Einige sind später Rittergüter geworden. Der König nutzte die Herrenwiesen als »Schmiermittel«, um »überzeugend« auf neue Entwicklungen reagieren zu können.

Insgesamt dauerte die Besiedlung 15 Jahre. Dann war das Oderbruch voll bewohnt. Kein Neu-Oderbrücher bereute den Schritt, den er mit seiner Familie gegangen war. Alles, was der König versprochen hatte, hat er gehalten.

Die Politik Friedrichs hat die Menschen verändert. Sie waren plötzlich für sich selbst verantwortlich. Es gab keinen Gutsherrn mehr, für den sie arbeiten mussten, der ihnen auf der Nase herumtanzte. Unter Friedrich konnten sie nach ihrer Fasson leben und glücklich werden. Die eigene Verantwortung machte sie stark, gab ihnen Selbstbewusstsein.

Abschied vom Winter: Der Frühling wird sehnlich erwartet.

Das haben sie noch heute. Nicht ohne Grund sagt man den Oderbrüchern nach, sie seien ein sehr eigenwilliges Völkchen, das gern den eigenen Kopf benutzt. Und zwar nicht nur zum Haare schneiden. Auch zum Denken!

Die Idee Friedrichs II., die Wirtschaft zu stärken, führte am Ende dazu, dass Brandenburg als Kernland Preußens die Hegemonialmacht in Deutschland wurde. Bis heute gilt die Trockenlegung der Oder als gelungene bevölkerungsstrategische Operation. Und als eine technische Glanzleistung:

Bei den alten Oderbrüchern allerdings kam das Wirtschaftsförderprogramm gar nicht gut an.

Den Neuen wird alles hinterhergeschmissen, so klagten sie, während uns Arbeit und Leben genommen wird. Und so verweigerten die erbosten Fischer und Bauern die Mitarbeit. Die Kanalbauer fanden weder Hilfskräfte noch Pfähle zum Markieren der Trassen. Lastkähne verschwanden im Nichts und an den Schubkarren zum Abtransport der Erde brachen die Räder weg.

Das konnte der König nicht hinnehmen. Er ließ mitteilen, dass jeder, der es wage, »sich gedachtem Werke zu opponieren«, mit den schlimmsten Folgen zu rechnen habe. Ein Edikt formulierte genau, was der König meinte: »Daß derjenige, der Dämme durchsticht oder der Umwallung bey der Oder schadet, auf Zehen Jahr in eine Vestung gebracht oder, befundenen Umständen nach, gar am Leben gestraffet werden soll.«

Erschrocken teilten die Bauern und Fischer nun in »größter An- und Demuth alleruntertänigst fußfällig …« … ihrem geliebten König mit, in welcher Not sie sich befinden. Aber der wies sie schroff ab und vertröstete auf später.

Zwischenspiel mit Fischen

Der Preis war wirklich hoch, den die Fischer zu zahlen hatten. Die Trockenlegung nahm ihnen die Lebensgrundlage. Und wohl auch den Fischen ward angst und bange, weil die Neuland-Eroberer ihnen ohne Rücksicht auf Verluste das Wasser abgruben. Was ist aus dem sagenhaften Fischreichtum der Oder geworden, den Theodor Fontane so pries?

Erinnern wir uns, der märkische Wanderer hatte geschrieben: »In den Gewässern fand man: Zander, Fluß- und Kaulbarsche, Aale, Hechte, Karpfen, Bleie, Aland, Zärten, Barben, Schleie, Neunaugen, Welse und Quappen. Letztere waren so zahlreich (z. B. bei Quappendorf), daß man die fettesten in schmale Streifen zerschnitt, trocknete und statt des Kiens zum Leuchten verbrauchte. Die Gewässer wimmelten im strengsten Sinne des Worts von Fischen, und ohne viele Mühe, mit bloßen Handnetzen, wurden zuweilen in Quilitz an einem Tage über 500 Tonnen gefangen. In den Jahren 1693, 1701 und 1715 gab es bei Wriezen der Hechte, die sich als Raubfische diesen Reichtum zunutze machten, so viele, daß man sie mit Keschern fing und selbst mit Händen greifen konnte. Die Folge davon war, daß in Wriezen und Freienwalde eine eigene Zunft der Hechtreißer existierte. An den Markttagen fanden sich aus den Bruchdörfern Hunderte von Kähnen in Wriezen ein und verkauften ihren Vorrat an Fischen und Krebsen an die dort versammelten Händler. Ein bedeutender Handel wurde getrieben, und der Fischertrag des Oderbruchs ging bis Böhmen, Bayern, Hamburg, ja die geräucherten Aale bis nach Italien.«

Auch Krebse gab es in Hülle und Fülle, wie uns auch Dr. Eduard Zache in seinem Buch »Die Landschaften der Provinz Brandenburg« mitteilte. »Bei einer Dürre im Jahre 1719 war die Oder ungewöhnlich klein«, heißt es dort. »Fische und Krebse suchten die größten Tiefen auf. Da das Wasser aber von der Hitze außerordentlich warm wurde, krochen die Krebse in das Gras am Ufer, ja sogar auf die Bäume, um im Blätterlaub Kühlung zu suchen. Von diesen konnte man sie alsdann wie reifes Obst herabschütteln. Das Schock Krebse kostete häufig nur 2 Pfennige.«

Natürlich kennt Peter Röhrer, ein erfahrener Angler aus einem Dorf bei Letschin, seinen Theodor Fontane. Aber noch besser kennt er die Oder. Die Bemerkung des Autors dieser Zeilen, er habe bei Küstrin-Kietz zwei verregnete Stunden lang neben einem Angler gestanden, der weder ein einziges Wort ge-

Kein Anglerlatein: Auch heute ist die Oder ein sehr fischreicher Fluss.

sprochen noch einen Fisch gefangen habe, lässt ihn kalt. Anglerpech murmelt er. Und beantwortet dann die Frage, wie es heute um den Fischreichtum in der Oder bestellt sei …

»Nicht so spektakulär, wie Fontane ihn beschrieb. Aber auch heute ist die Oder ein sehr fischreicher Fluss. Natürlich springen keinem die Fische von selbst in den Kescher. Es braucht schon gute Bedingungen, um wirklich erfolgreich zu sein. Der Hechtbestand ist sehr gut. Es geht den schönen Raubfischen immer besser in dem klarer werdenden Wasser. Auch die natürlichen Laichbedingungen sind in der Oder sehr gut.«

Und was ist mit dem Wels, einem der mächtigsten Fische unserer Breiten?

»Wir haben den besten Wels-Bestand in Deutschland«, sagt er nicht ohne Stolz. »Mit etwas Glück kann man nachts die großen Raubfische am Buhnenkopf und im Flachwasser rauben hören. Beeindruckend.«

Und die Quappe, nach der Quappendorf benannt ist? Gibt es den Fisch überhaupt noch?

»Ja!«, sagt er ein wenig wortkarg. »Warum sollte es ihn nicht geben?!«

Naja, die Frage wird man ja wohl mal stellen dürfen, denn in vielen Teilen Deutschlands ist der Fisch streng geschützt. Hier aber kann man ihn frei angeln. Die Oder ist ein sehr guter Quappenfluss. Von November bis März darf der Fisch gefangen werden. Um die Weihnachtszeit sieht man immer wieder Angler am

Ufer stehen, die sich eine Quappe für die Festtage fangen möchten. Der Fisch kann bis zu 1,50 Meter groß werden, bringt es auf ein Gewicht von bis zu 32 Kilogramm. Und soll sehr gut schmecken.

Mehr ist aus dem Letschiner Angler nicht herauszubekommen. Reden stört die Konzentration. – Und da scheint es noch einen Konflikt zu geben, über den er nicht reden wollte, Animositäten zwischen den Berufs- und Freizeitangler. Nicht unsere Sache.

Der Fluss

Es ist früh am Tag. Die Sonne steigt hoch, noch fast ohne Wärme. Die Uferbäume spiegeln sich im Fluss. Am Wasser ist es still, nur wenige Schiffe gleiten lautlos vorüber. Die Oder nimmt sich Zeit. Ein Angler sitzt stoisch am Ufer, neben sich den (natürlich) vollen Fischeimer.

Behäbig dreht sich die Oder im Bett, sie fließt mit Kraft, aber ohne anzugeben. Die kleine Badestelle bei Groß Neuendorf lässt sie links liegen. Der Fluss ist hier nicht breiter als sechzig Meter. Das ist genug, um dem Wind Raum zu geben. Heute hat er keine Lust. Er kräuselt nur leicht die Wellen.

Der alte, arbeitslose Hafen von Groß Neuendorf ist schön. Im Turm der einstigen Verladestation befinden sich ein Café und eine Ferienwohnung über vier Etagen, die auf Monate ausgebucht ist. Touristen logieren sich hier gerne ein. Von der zweiten Etage aus hat man eine ideale Sicht über den Fluss. Man muss nur die Fenster öffnen, um ihn ins Zimmer zu lassen. »Aber Vorsicht«, sagt die Frau hinter dem Kaffee-Tresen, »die Schwalben fliegen auch gern in den Raum, und man bekommt sie schwer wieder hinaus.«

Die Oder, der wilde, gebändigte Fluss, der so harmlos tut, hat Schönheit und Kraft. Eine große Magie geht von ihm aus. Und eine seltsame Ruhe! Kann man sich auf den Fluss verlassen?

Während der Rhein von genialen Dichtern besungen wurde, muss die Oder ohne nennenswerten poetischen Beistand auskommen. Die Gegend, durch die sie fließt, galt lange Zeit als verödete, uninteressante Landplatte. Selbst der in Frankfurt an der Oder geborene Heinrich von Kleist meinte: »Zwar ist das Tal, das die Oder ausspült, besonders bei Frankfurt sehr reizend ...« Aber der Fluss ist ohne »meisterliche Züge, ohne Vollendung«. Selbst der Flussgott »Viadrus« ist nur Historikern gut bekannt.

Wenn dem Strom überhaupt eine Duftmarke anhaftet, so ist es das von Arbeit, Mühe und Schweiß. Der Volksdichter Paul Keller beschrieb »Mutter Oder« als ein »edles Bauernweib«, das mit »stillen, sicheren Schritten« durch die Lande »geht« und für ihre Kinder Kohle, Holz und Getreide schleppt.

Naturbelassen: Trotz des vielen Grüns ist die Oder auch ein Transportweg.

Die Oder, seit 1945 Symbol einer Grenze schlechthin, entspringt in 634 Metern Höhe dem mährischen Odergebirge bei Kozlava, sie ist 912 Kilometer lang und hat ein Einzugsgebiet von circa 118 900 Quadratkilometern. 59 Kilometer mäandert der Fluss durch die tschechische Republik, um dann 580 Kilometer lang ein polnischer Fluss zu sein. Danach markiert er auf 162 Kilometer die deutsch-polnische Grenze, bevor er sich, wiederum als polnischer Fluss, ins Stettiner Haff entleert. Von dort mündet die Oder als Peenestrom, als Swine und Dievenow in die Ostsee.

Links und rechts des Flusses ist im Laufe der Jahrhunderte eine eindrucksvolle Kulturlandschaft entstanden. Ausgedehnte Wälder mit Eichenauen, viele Inseln und tote Flussarme, Schlick- und Sandwiesen, im Unteren Odertal, zwischen Stettin und Hohensaaten, hat nach 1945 die Natur still und heimlich sogar das Kommando übernommen. Das Grenzgebiet wurde mehr oder weniger sich selbst überlassen. So entwickelte sich eine faszinierende Flusslandschaft mit einer vielfältigen Tier- und Pflanzenwelt. 1995 wurde das Untere Odertal zum deutsch-polnischen Nationalpark erklärt. Das Gebiet ist Totalreservat, nur für Mitarbeiter des Nationalparks und Wissenschaftler zugänglich.

Trotzdem kann die faszinierende Oderwelt von Besuchern bestaunt werden, da viele Rad- und Wanderwege am Rande des Nationalparks zu Aussichtspunkten führen, die den Blick auf die unversehrte Auenlandschaft freigeben.

Das, was im Sommer so lieblich aussieht, kann im Winter zu einer wirklichen Belastung werden. Die Oder hat etwas, was andere europäische Flüsse nicht haben. Sie ist der einzige Strom Mitteleuropas, der Grundeis bildet. Die Oder kann, je nach Temperatur, binnen kurzer Zeit auf ihrer gesamten Länge gefrieren. Im Jahr 1908/09 dauerte die Eiszeit 120 Tage, 1962/63 waren es »nur« 91 Tage. Wenn es dann zu tauen beginnt, schieben sich Eisschollen über Eisschollen, und bauen gefährliche Barrieren auf. Heute versucht man, diese Pfropfen gezielt zu sprengen. Früher half da nur ein Gebet.

Unvergessen ist die Katastrophe von 1749, als das rasch steigende Wasser den eisigen Damm zum Bersten brachte und zahlreiche Dörfer überflutete. »Dasz Vieh stand bis an den Bäuchen im Waszer und Eis und Blöckte so sehr, dasz den meisten die Füsze erfrohren. In der Kirche war der Altar, Kirchenstühle ind Baenke bey 5/4 tief in Waszer. Die Schule war in der allergröszt en Gefahr, weil die grossen Eysschollen mit starckem Strohm darauf anstießen. Das Eys hatte solche Gewalt, dasz es die zaune mit sich fort nahm, wie auch 31 Hauffen Heu umgelauffen, dasz einer hie der andere dort im Waszer und eys liegt.«

So kapriziös sich der Strom auch gibt, die Menschen, die an der Oder leben, lieben ihn. Der Fluss hat viele Verehrer. Solche, die sich öffentlich bekennen, und andere, die ihr Gefühl hinter einem »Bratkartoffel-Verhältnis« verstecken.

»Auf der Oder«, schrieb ein Anonymus vor 200 Jahren, »bekommen wir von Stettin aus Butter, Honig, Saltz, Spanische Weine, Dantziger und Rostsocker Bier, auch in theuern Zeiten Getreide und Maltz. An der Oder hengt Schlesien, die Laussnitz, Mähren, oder Ungarn. Die geben uns zur Speisung Butter, Käse, auch Korn. Zu gemeynem Nutzen geben sie allerley Metal, Stahl, Eysen, Kupfer, Schwefel, Salpeter und dergleichen. An der Warthe hengt Grosspolen. Daraus kommt allerley Getreyde, Honig, Saffran, Rauchwerk und Wolle, allerley Leder, Federn, Flachs, Hanff, Tehr, Wachs und Weyd-Asche.« – Sage keiner, dieser Anonymus hätte nicht zu schätzen gewusst, was er an seiner Oder hatte.

So wie man einem geliebten Menschen seine »Macken« verzeiht, kann man es der Oder nicht zum Vorwurf machen, dass sie ein inniges Verhältnis zu den Mücken pflegt …

Zwischenspiel mit Mücken

Die Attacke kommt völlig überraschend. Blitzartig geht die Mücke zum Angriff über. Kurz, bevor sie auf dem Körper landet, hält sie inne, guckt nach links und nach rechts, und erst, als sie sicher ist, dass keine Gefahr droht, beginnt sie mit der Blutentnahme. Brutal stößt sie ihren Saugrüssel in die Epidermis, lässt Blutgerinnungshemmer fließen und macht sich den roten Saft so richtig lecker.

Gier nach Blut: Die Oder ist eine bevorzugte Brutstätte für Mücken.

Trotzdem bleibt sie vorsichtig. Bereits beim ersten Anzeichen einer Gefahr reißt sie ihren Rüssel aus der Blutbahn, wirft den Flügelmotor an und erhebt sich taumelnd in die Lüfte. Noch im Steigflug hört sie eine Stimme, die da empört ausruft: »Diese Blutsauger, diese verfluchten ...«

Wer im Sommer das Oderbruch besucht, hat häufig Tage später noch seine juckende »Freude« an der eigenwilligen Landschaft.

2020 war so ein typischer Mückensommer. Feuchtigkeit und Wärme hatten für paradiesische Zustände gesorgt. Die Biologin Doreen Werner vom Leibniz-Zentrum für Agrarlandschaftsforschung in Müncheberg, von dpa befragt, wie sie die Lage einschätze, gab zu Protokoll, dass sie sich während ihrer Arbeit eines Anfluges von 68 Mücken pro Minuten zu erwehren hatte.

Seit Menschengedenken sind die Auen der Oder eine bevorzugte Brutstätte der Plagegeister. »... über dem Bruche schwebte an stillen Sommerabenden ein unermeßlicher Mückenschwarm«, schrieb ein Chronist im Jahr 1856.

Obwohl sich die Situation seither deutlich zum Positiven verändert hat, legen auch noch heute die weiblichen Mücken fünf Tage nach der Blutmahlzeit circa hundert Eier auf feuchte Wiesen oder in Schilfgebieten ab. Nach acht Tagen sind die Larven schlupffähig. Nun wird auf Wasser gewartet. Die erste Überschwemmung der Gelege löst in Abhängigkeit von der Wassertemperatur den Schlupfreiz aus. Zehn Grad Celsius sollten es schon sein, ehe sich die Biester ins Freie bemühen. Wenn sie es aber tun, dann tun sie es gleich millionenfach. Klug vorausschauend lässt Mutter Natur weitere Millionen Larven als strategische Kampfreserve im Gelege zurück. Dieses raffinierte »Schlüpfen auf Raten« sorgt dafür, dass den ganzen Sommer über genügend Blutsauger in der Luft sind, die uns das Leben schwermachen. Um der Plage einen Namen zu geben: Es sind die Überschwemmungsmücken, die uns belästigen. Wobei man der Wahrheit halber sagen muss, dass es nur die Weibchen sind, die da stechen!

Mittlerweile haben wir es nicht mehr nur mit einheimischen Mücken zu tun. Exotische Gäste wie die Asiatische Tigermücke oder Aedes koreicus, die Koreanische Buschmücke, fliegen wie selbstverständlich durch deutsche Lüfte. Und sind nach Meinung aller Fachleute nicht mehr auszurotten.

Nach so viel vernichtender Kritik sollten wir wenigstens die Größe besitzen, ein paar nette Worte über die nationalen und internationalen Mücken zu verlieren. Immerhin sind sie es, die mit ihrem millionenfachen Auftritt Sommer für Sommer dafür sorgen, dass Libellen, Störche, Lurche, Frösche, Fische, Vögel, Fledermäuse ordentlich im Oderbruch zu futtern haben. Und dafür kann man sich doch schon mal stechen lassen. Oder etwa nicht?!

Das Oderbruch: gevierteilt!

Nein, wir führen weder Klage gegen das Oderbruch noch hat der Landstrich etwas verbrochen, was uns veranlassen könnte, ihn zu bestrafen. Und schon gar nicht, ihn zu vierteilen.

Wenn wir sagen, wir vierteilen das Oderbruch, so kündigen wir lediglich ein Ordnungsprinzip an, das es Ihnen, liebe Leser, ermöglichen soll, besser durch die Seiten zu kommen.

Grob gesagt, wir teilen die Landmasse in vier Abschnitte, ordnen die Städte von oben nach unten.

Wir beginnen im Norden mit Oderberg und Bad Freienwalde. Wriezen und Umgebung gehören in das zweite Viertel. Neuhardenberg und Letschin stehen im Zentrum der dritten Abteilung. Um Seelow, Küstrin-Kietz und Lebus, um den Süden also, kümmern wir uns zum Schluss.

So jedenfalls lautet der Plan. Und wir folgen ihm, trotz der Zweifel, die Bertolt Brecht gesät hat:

Ja, mach nur einen Plan!
Sei nur ein großes Licht!
Und mach dann noch 'nen zweiten Plan
Gehn tun sie beide nicht.

Wege ins Land

Zwei Eisenbahnlinien queren das Oderbruch. Da ist zunächst die Regionalbahn 26, die von Berlin–Lichtenberg nach Kostrzyn fährt. Und die RB 60, sie verbindet Eberswalde mit Wriezen und Frankfurt/Oder.

Es gibt den Oderbus Numero 879. Eine touristenfreundliche Institution, die zwischen Bad Freienwalde und Wriezen verkehrt und unter anderem die Ortschaften Zollbrücke, Neulewin, Altlewin, Neuküstrinchen ansteuert. Sie ermöglicht ein bequemes »Hop-on Hop-off« zu solch reizvollen Zielen wie dem Fontanehaus in Schiffmühle oder Neulietzegöricke, dem ältesten Kolonistendorf des Oderbruchs. Sogar der Besuch einer Nachmittags- oder Abendvorstellung im Theater am Rand ist per Bus möglich. Radler sollten allerdings wissen, dass die Mitnahme von Fahrrädern begrenzt ist. Und Achtung! Der Bus verkehrt nur im Sommer! Und nur an den Wochenenden.

Viermal pro Tag fährt er (wenn er fährt) in jede Richtung. Im Jahre 2021 war er in der Zeit vom 22. Mai bis 2. Oktober unterwegs. Das wird in den kommenden Jahren nicht viel anders sein.

Eine besondere Attraktion ist der schnelle, gut ausgebaute Oder-Neiße-Radweg. Er beginnt im Isergebirge an der Neiße-Quelle, und endet im Seebad Ahlbeck auf Usedom. Bei Lebus erreicht er das Oderbruch, in Höhe Oderberg verlässt er es wieder. Von der Deichkrone aus bieten sich den Radlern wunderbare Anblicke. Wie gemalt liegen der Fluss und die saftigen Oderauen. Am Himmel kreisen Greifvögel, Weißstörche staksen durch satte Wiesen.

Da es keine Autobahn im Oderbruch gibt, muss man als Fahrer eines Pkws schnell lernen, mit Vergnügen hinter Lastwagen herzufahren! Sie zu überholen bringt nichts, denn vor dem Lastwagen fährt wieder ein Lastwagen. Und vor dem wieder einer. Und so weiter und so fort …

Ein engmaschiges Netz von Straßen hat sich über das Oderbruch gelegt. Man kommt überall hin. Auf einfachen Wegen, die schon mal rumplig sein können, auf Nebenstraßen, Haupt- und Bundesstraßen.

Die B 112 führt von Frankfurt/Oder nach Lebus und Gorgast. Wer von Berlin aus nach Küstrin-Kietz möchte, der sollte die B 1/5 über Seelow nehmen. Die B 167 verbindet Bad Freienwalde mit Wriezen, Neuhardenberg, Seelow und Lebus. Und über die B 158 nähert man sich auf direktem Weg dem schönen Bad Freienwalde. Kurz gesagt, das Oderbruch ist überhaupt nicht zu verfehlen.

Wie auch? Der Landstrich ist 60 Kilometer lang und 12 bis 20 Kilometer breit. Er hält etwa ein Drittel des Landkreises Märkisch-Oderland »besetzt«.

In 8 Tagen durch das Oderbruch

Klein Ziethen
Serwest
Parsteiner See
Parstein
Lüdersdorf
Stolzenhagen
Bielinek
Lunow
Brodowin
NSG Plagefenn
Oderberg-Neuendorf
Steinlager
HOHENSAATEN
ODERBERG
Liepe
Barnim
Naturschutzgebiet Niederoderbruch
HOHENWUTZEN
Osinów Dolny
Neuglietzen
Stary Kostrzynek
NIEDERFINOW
Bralitz
Neuenhagen
Altglietzen
Gabow
Hohenfinow
Neutornow
Schiffmühle
Falkenberg (Mark)
Märkisch-Oderland
Bad Freienwalde (Oder)
Neureetz
Altranft
Wölsickendorf-Wollenberg
Trockenrasen Wriezen und Biesdorfer Kehlen
Wriezen
Steinbeck
B 158
L 283
L 200
L 282
L 291
L 29
L 28
L 35
B 167
L 33

Der 1. Tag

Der Plan für den ersten Tag ist einfach und klar: Über Niederfinow soll uns der Weg nach Oderberg, Hohensaaten und Hohenwutzen führen. Begleiten wird uns die Alte Oder, der Finowkanal und der Oder-Havel-Kanal. Sollte also etwas schiefgehen, der Motor heiß laufen oder die Automatik ausfallen, könnten wir mit hoher Wahrscheinlichkeit ein Boot bemühen, das uns trocken ans Ziel bringt. Unabhängig von der Straße zu sein, ist ein gutes Gefühl.

Niederfinow

Der kleine Ort, 1267 erstmals erwähnt, hat sich in hügligem Gelände des Eberswalder Urstromtals wunderbar platziert. Genau zwischen der Schorfheide und Barnimhochfläche. Hier wurde bis 1740 sogar Wein angebaut. 1421 ging das beschauliche Dorf in den Besitz des Klosters Chorin über. Eine schöne Kirche aus dem Jahre 1732 und die romantische Klappbrücke über den Finowkanal ändern nichts an der Tatsache, dass das Schiffshebewerk Niederfinow für rund 200 000 Besucher jährlich die Hauptattraktion des Ortes ist.

Vom Oberdeck des Hebewerkes aus blickt man weit ins Land. Ostwärts liegt die Lieper Schleuse, über die der alte Finow-Kanal in die Oder-Havel-Wasserstraße mündet. Dahinter öffnet sich das ausgedehnte Oderbruch.

Niederfinow besitzt mit dem Schiffshebewerk (erbaut 1934) das bekannteste und beweglichste technische Denkmal Brandenburgs. Und, um noch ein Superlativ zu bemühen, es ist das älteste noch arbeitende technische Denkmal in Deutschland. Wobei die Betonung auf dem Wörtchen »noch« liegt, denn der Nachfolgebau steht schon bereit.

Das »Neue Schiffshebewerk Niederfinow Nord« in elegantem Beton-Design (Grau und Blau mit Gelb als Blickfang) wartet darauf, seine Arbeit aufzunehmen. Hier schon mal die neuen technischen Daten. Das neue Schiffshebewerk ist 55 Meter hoch, 133 Meter lang, 46 Meter breit. Der Trog ist 115 Meter lang, 13 Meter breit, 4 Meter tief und hat wassergefüllt ein Gewicht von 9 800 Tonnen. Und die Fahrt im Fahrstuhl dauert nicht fünf, sondern nur noch drei Minuten. Geblieben ist einzig und allein die Fallhöhe zwischen oben und unten: 36 Meter. – Der alte Fahrstuhl übrigens, der ja noch voller Saft und Kraft ist, wird sich in Zukunft ganz dem Tourismus widmen.

Altes Schiffshebewerk: Es ist das beweglichste Denkmal Brandenburgs.

In trauter Nachbarschaft: Das alte und das Neue Schiffshebewerk.

Höhenunterschied: Die Fallhöhe zwischen oben und unten beträgt 36 m.

Angekommen: Hinter dem Hebewerk öffnet sich das ausgedehnte Oderbruch.

Infozentrum:

Niederfinow, Hebewerkstraße 70 a, 16248 Niederfinow, Tel.: 033362/61 91 26, www.wsa-eberswalde.de

Tourist-Information:

im Kraftwerk am Schiffshebewerk Niederfinow, Lieper Schleuse 6, 16248 Niederfinow, Tel.: 033362/713 77, E-Mail: krafthaus@amt-bco.de

Übernachten:

Hotel & Restaurant »Am Schiffshebewerk«, Hebewerkstraße 44, 16248 Niederfinow, Tel. 033362/700 99, www.hotel-schiffshebewerk.de

Regionale Produkte:

Regionale Feinbrände, Geiste und Liköre, abgefüllt in Apothekerflaschen; Brennkurse und Verkostungen: Feinbrennerei am Hebewerk GmbH, Hebewerkstraße 41, 16248 Niederfinow, Tel.: 033362/69 03 44, www.diefeinbrennerei.de

Zimmermanns Senf, Dill-, Zwiebel-, Honig-, Kirschbiersenf und viele andere Sorten sowie mehr Spezialitäten vom Spezialisten, Hebewerkstraße 81, 16248 Niederfinow, Tel.: 33362/70 713, E-Mail: senf.zimmermann@gmx.net

---

BADEWANNE FÜR FLUSS-SCHIFFE

Oben fließt die Havel in Form des Oder-Havel-Kanals und unten, 36 Meter tiefer, die Oder. Das ist das ganze Problem! Wie kommt man da hinunter? Und wie wieder hinauf? Da hatte man nun also 1914 den guten alten Finowkanal »in Rente« geschickt, und sich den viel leistungsstärkeren Oder-Havel-Kanal geleistet. Und trotzdem war der wirtschaftliche Effekt ein geringer, weil die Schleusentreppe zwischen Niederfinow und Liepe, die aus vier hintereinander geschalteten Schleusenkammern von jeweils 9 Metern Hubhöhe bestand, sich nur mit großem Zeitaufwand überwinden ließ. Um diesen Engpass aus der Welt zu schaffen, wurde 1927 mit dem Bau des Schiffshebewerks Niederfinow begonnen.

Wie ein stählerner Dinosaurier steht der Fahrstuhl für Schiffe in der märkischen Landschaft. Eröffnet wurde das Hebewerk am 21. März 1934. Bis dahin waren 72 000 Kubikmeter Beton und 14 000 Tonnen Stahl verbaut worden. Das Schiffshebewerk ist 52 Meter hoch, 94 Meter lang und 27 Meter breit. Die Gründungspfeiler sind 20 Meter tief im Gelände versenkt, die Trogkammersohle besteht aus einer 4 Meter starken Betonplatte. Dieser geniale Fahrstuhl für Schiffe hebt bzw. senkt mit seinem wassergefüllten Trog (85 Meter lang, 12 Meter breit, 2,5 Meter tief) Schiffe von bis zu 1000 Tonnen Tragfähigkeit in nur fünf Minuten über die Höhendistanz. Der Trog von 4 290 Tonnen Gewicht hängt an 256 Drahtseilen und wird durch vier lächerliche Gleichstrommotoren von jeweils 55 Kilowatt Leistung (75 PS) bewegt, die lediglich den Reibungswiderstand der Seilscheiben überwinden. Zwei Personen sind erforderlich, um das Schiffshebewerk zu bedienen.

Oderberg

An der Grenze zur Uckermark, reizvoll von Wäldern und Seen umgeben, liegt an einem Hang, da, wo es im Mittelalter noch ausgedehnte Weinberge gab, die Stadt Oderberg. Das kleine Örtchen hat es mit seinen 2134 Einwohnern (31. Dez. 2020) immerhin so weit gebracht, dass die große Stadt Berlin eine Straße nach ihm benannte. Ja, richtig, die Oderberger in Prenzlauer Berg.

Eine kurze, sehr lebendige Bummelmeile, auf der das Leben tobt. Junge Leute aus der ganzen Welt zwischen zwanzig und achtzig fühlen sich hier pudelwohl. Und vielleicht sitzt sogar jemand aus Oderberg inkognito im Café, um zu sehen, wie sich seine Stadt als Straße in Berlin verkauft.

In Oderberg selbst geht alles seinen geregelten Gang. Eine Kleinstadt ist, wie sie ist. Deshalb gehen die einen weg und die anderen bleiben da. Man kennt den Herrn Pfarrer, die Frau Doktor, den Sparkassendirektor … Alles ist vertraut. Man begegnet einander, grüßt, bleibt stehen, tauscht Neuigkeiten aus, wie geht es Karl? Hast Du schon gehört, was der Else passiert ist? Ja, Jenny bekommt den ersten Zahn. Tschüss dann, schönen Tag noch, grüß Otto von mir …

Das kleine Städtchen hängt an einem Berghang, der rund hundert Meter in die Tiefe stürzt. Eine für Brandenburger Verhältnisse erstaunlich gebirgige Tatsache. Die Eiszeit formte hier überraschend schroffe Berge in der ansonsten flachen Landschaft. Um der Wahrheit die Ehre zu geben, nicht die Oder fließt durch Oderberg, sondern das, was von ihr nach der großen Entwässerung übriggeblieben ist: die Alte Oder.

Die von vielen Menschen bewunderte Großtat Friedrichs II. brachte Oderberg nur Ärger. Der Fluss, der früher mitten durch die Stadt führte, zieht heute fünf Kilometer östlich an Oderberg vorbei. Die Begradigung des Flusslaufes trieb die örtliche Schifffahrts- und Fischereiwirtschaft in die Pleite. Die Stadt, durch die einst die »Via regia« führte, die Handelsstraße von Frankfurt am Main über Leipzig nach Polen und Russland, war nur noch ein Schatten ihrer selbst. Erst mit dem Bau eines Sägewerkes setzte 1842 wieder ein zaghafter Wirtschaftsaufschwung ein. 1871 sorgte die waldreiche Umgebung für Arbeit in elf Sägewerken und 15 Schiffswerften. In der Hauptsache wurden Spülschuten, Schleppkähne und Fischkutter hergestellt.

Dabei hat die Stadt, die da plötzlich auf dem wirtschaftlichen Abstellgleis stand, eine interessante Vergangenheit. Als die Askanier im Verlauf der zweiten Ostexpansion 1210 bis an den Fluss vorstießen, ließ Markgraf Albrecht II. auf dem steilen Albrechtsberg eine Burg errichten, die als erstes Bollwerk gegen Pommern diente. Zur gleichen Zeit entstand im Schatten der Burg, neben dem slawischen Dorf Barsdyn, eine deutsche Siedlung, die 1259 urkundlich als »civitas Oderbergensis« bezeichnet wurde. Die Burg fiel 1349 in der »Schlacht

Oderberg: Der Turm der Nikolaikirche bestimmt die Silhouette der Stadt.

Zentrum: Hier kann man sich nicht verlaufen, Oderberg ist übersichtlich.

von Oderberg« den Kanonenkugeln zum Opfer. Sie wurde nie wiederaufgebaut. Stattdessen errichtete man eine neue massive Festung, die der Volksmund den »Bärenkasten« nannte, weil hinter den Mauern der Burg zu Friedenszeiten Braunbären gehalten wurden.

Der Bärenkasten befand sich auf einer Oderinsel vor der Stadt, bewachte die Furt und sicherte die Zolleinnahmen des Landesherrn. Als während des Dreißigjährigen Krieges die Schweden das Land erobern wollten, erwies sich der Bärenkasten als ruhmreiches Bollwerk. Allerdings brannte durch die Kämpfe die gesamte Stadt nieder. Wiederaufgebaut, wurde 1736 die Besatzung der Festung abgezogen und die Geschütze nach Stettin verbracht. Im strengen Winter 1740 erfroren beinahe alle Weinstöcke an den Hängen der Stadt. 1754 wurde der Bärenkasten bis auf die heutige Ruine geschleift.

Noch heute steht auf dem Marktplatz das Juwel von Oderberg, die Nikolai-Kirche. Entworfen hat sie Hofarchitekt Friedrich August Stüler im Auftrag von Friedrich Wilhelm IV.. Eine Kollekte des Landes Brandenburg erbrachte 15 000 Taler, großzügig gab der König 18 000 aus eigener Tasche hinzu, nun konnte das Gotteshaus, das dem heiligen Nikolaus, dem Schutzpatron der Händler und Seefahrer, gewidmet war, gebaut werden. Am 12. Juni 1853 wurde der Grundstein gelegt, am 14. Oktober 1855 war man fertig. Die dreischiffige Basilika mit halbrunder Apsis und einem seitlich aufgesetzten Turm wurde geweiht.

Kleinstadt-Idyll: Während der Woche wirkt Oderberg ein wenig verschlafen.

Der Kirchturm bestimmt die Silhouette der Stadt. Aus der Ferne wirkt er wie ein in die Oderlandschaft gestelltes Ausrufezeichen. Die Innenausstattung der Kirche ist von hoher künstlerischer Qualität, das gusseiserne Altarkreuz aus dem Jahre 1855 ist eine Rarität. Interessant sind die Bleiglas-Fenster. Mit ihrer Netz-Struktur schaffen sie eine geistige Verbindung zwischen Kirche und Fischerei. Wie sehr die christliche Flussschifffahrt zu Oderberg gehörte, kann man am Kirchturm ablesen. Auf des Turmes Spitze weist ein Boot als Wetterfahne dem Wind die Richtung.

Neben der Kirche führt eine steile Treppe hinauf auf den Albrechtsberg. Von hier oben hat man einen schönen Blick über die Stadt. Bei gutem Wetter kann man bis ins Nachbarland Polen schauen. Ein Wanderweg auf dem Kamm führt zum Pimpinellenberg, der seinen Namen einer Wurzel verdankt, die angeblich im Dreißigjährigen Krieg der Pest ein Ende bereitet haben soll. Die Pimpinelle, auch Bibernelle genannt, wächst am Osthang eines großen sandigen Hügels, der ein Ausläufer des Pimpinellenberges ist. Die bis zu einem Meter hohe Pflanze gilt als Gewürzblume. Ihre jungen Blätter werden als Gemüse und Salat verwendet.

Die Altstadt von Oderberg besteht aus dem Oberkietz, der Angermünder und der Berliner Straße. In den verwinkelten Gassen, die wie Adern das kleine Viertel durchbluten, befinden sich die ältesten Häuser der Stadt. Einige stehen sogar

Jüdischer Friedhof: Die im Wald versteckte Ruhestätte lohnt einen Besuch.

noch auf Pfählen. Den Ruhm des ältesten Wohnhauses genießt ein Fachwerkbau aus dem Jahre 1680. Es steht im Oberkietz 28.

1991, kurz nach der Wende, gab es in Oderberg 13 gastronomische Einrichtungen, die (vermutlich) alle »Soljanka« auf der Speisekarte hatten. Heute sind es nur noch sieben, und keine hat mehr die schmackhafte russische Restesuppe im Angebot. So ändern sich die Zeiten. Und nicht nur die. Auch die Anzahl sieben ist nicht stabil, das heißt, sie ist noch nicht Corona-bereinigt.

Zu den sieben Aufrechten, die dafür sorgen, dass die Touristen nicht vom Fleische fallen, gehört die Oderberger Kaffeestube, die früher Kieslingers Eisstube hieß. Das Etablissement war berühmt von Berlin bis Frankfurt/Oder. Und zwar für das leckere, von Hand gemachte Speiseeis. Genau dieses gefrorene Geschmacks-Wunder gibt es heute noch. Auch wenn die Kaffeestube nicht mehr den alten Namen führt. Familie Kieslinger hat sich ganz auf die Eisproduktion spezialisiert, und beliefert Eisdielen in Nah und Fern. Auch die Oderberger Kaffeestube.

Die Überraschung von Oderberg aber ist die »Riesa«! Ein prächtiger Schaufelrad-Dampfer, den es 1979 hier an Land geworfen hat: Länge: 56,05 Meter; Breite über Hauptspant: 5,05 Meter; Breite über Radkasten: 10,20 Meter; Schaufelanzahl: je 10; Raddurchmesser: 3,50 Meter; Schaufelgröße: 2,30 x 0,48 Meter. Muss man mehr sagen?!

Durchblick: Der Nikolaikirche ist von Häusern ohne Farbe umgeben.

Binnenschifffahrtsmuseum: 1979 wurde die »Riesa« Star der Ausstellung.

1897 lief die »Riesa« unter dem Namen »Habsburg« in Dresden/Blasewitz vom Stapel. Jahrelang befuhr sie als Eildampfer der Sächsisch-Böhmischen Dampfschifffahrts-Gesellschaft die Elbe. Treu und zuverlässig. Das Innere des Schiffes war luxuriös. Es gab an Bord nur die 1. Klasse mit 50-prozentigem Preisaufschlag! 1919 wurde der Dampfer in »Riesa« umbenannt, 1928 wurden Toiletten (!) eingebaut, 1947 das Deck um 1,75 Meter verlängert und 1959 eine E- und Bordfunkanlage angeschafft. Was letztendlich den Ausschlag zum Kauf des Schiffes gab, ist nicht bekannt. Jedenfalls wagte 1978 das Binnenschifffahrts-Museum das finanzielle Abenteuer, nahm das gute Stück in Besitz und ließ es zum Museumsschiff umbauen. Und das ist die »Riesa« noch heute.

Das Binnenschifffahrts-Museum Oderberg hat viele Zeugnisse aus den letzten 150 Jahren gesammelt und lädt die Besucher ein, sich auf eine Schiffsreise durch die Zeit zu »begeben«. In vierzehn Ausstellungsräumen erzählen alte Taucheranzüge, geschnitzte Gallionsfiguren, zahlreiche Bücher, Fotos, Karten und im Original nachgebaute Schiffsmodelle die Geschichten der Stadt und der Region. Ab Mitte der 1970er Jahre nahm die Oder-Schifffahrt einen immer wichtigeren Raum ein. Da ist vom gesegelten Kaffenkahn die Rede, vom dampfbetriebenen Heckradschlepper, von Buddelschiffen in Flaschen unterschiedlicher Größe ... Selbst das kleinste Schiff der Welt ist in Oderberg zu besichtigen. Unter der Lupe!

Fluss-Schifffahrt: Schiffsmodelle erzählen Geschichten von der Oder.

Angesichts eines so wirklichkeitsnahen, fantasievollen Museums kann man den einheimischen und ortsfremden Besuchern nur zurufen: Kapern Sie die »Riesa«! Erobern Sie das Museum! »Rauben« Sie schamlos die geistigen Güter, die dort angehäuft sind!

Nähere Anweisungen zum Kapern bekommen Sie in der Tourist Information! Dort sagt Ihnen die nette Frau Anke Marquardt, was man neben der »Riesa« noch so alles in Oderberg unternehmen kann. Beispielsweise Fahrradfahren entlang des Finowkanals. Radtouren auf dem Oder Neiße Radweg oder dem Oder-Havel-Radweg. Eine E-Bike Ladestation gegenüber der Tourist-Information sorgt für die nötige Power. Oder die Tour Brandenburg per pedes. Man kann auch über den Pimpinellenberg wandern oder durch den Nationalpark Unteres Odertal spazieren, der gehört aber nicht mehr zum Oderbruch.

Täglich startet ein großes Schiff am Oderberger Bollwerk, um zum und durch das Schiffshebewerk Niederfinow zu fahren. Auch Charterfahrten sind möglich. Der Salon bietet 45 Personen Platz. Für das leibliche Wohl ist gesorgt. Man kann sich aber auch in ein Kanu setzten, und sich selbst durch die Nacht paddeln! Auf Mondschein-Tour. Begleitet von einem prächtigen Froschkonzert.

Und dann wäre da noch der »Große Stein« im Ortsteil Neuendorf zu bewundern, von dem schon vorn im Buch die Rede ist.

Ein letzter Tipp: Östlich vom Zentrum liegt ein öffentlicher Raum, der stets verschlossen ist, der Jüdische Friedhof. Die letzte Ruhestätte von Oderbergern jüdischen Glaubens. Von 1700 bis in die Zeit des Nationalsozialismus wurde hier beerdigt. Wer den stillen, im Wald versteckten Totenacker besuchen möchte, kann sich gegen die Kopie seines Personalausweises in der Tourist Information den Schlüssel holen.

Ein allerletzter Tipp: Man kann in Oderberg auch ganz einfach sein Grundrecht auf Faulheit wahrnehmen!

Anreise:

Per Auto über die A 11, Abfahrt Finowfurt über Eberswalde nach Oderberg. Über die B 158 via Bad Freienwalde. Weiterhin gibt es Busverbindungen von den Bahnhöfen in Angermünde, Bad Freienwalde und Eberswalde.

Tourist-Information:

Oderberg, Herrmann-Seidel-Straße 44 (im Binnenschifffahrts-Museum), 16248 Oderberg, Tel.: 033369/53 93 21, Öffnungszeiten: April–Okt. tgl. 10–17 Uhr, Nov.–März: tgl. 10–15 Uhr, www.bs-museum-oderberg.de

Aktivitäten:

Kanu-Verleih Oderberg, Herrmann-Seidel-Straße 62a, 16248 Oderberg, Tel.: 0174/531 54 52, www.kanu-oderberg.de, info@kanu-oderberg.de, Kontakt: Karsten Förster, Straße der Jugend 17a, 16248 Oderberg. Der Kanu-Verleih Oderberg bringt Sie mit dem Kanu zu anderen Einlassstellen und holt Sie auf Wunsch dort wieder ab.

Schiffsfahrten zum Schiffshebewerk:

www.oder-schiff.de (telefonische Anfragen und Vorbestellungen unter 0172/574 24 26).

Übernachten:

Das einzige Hotel der Stadt ist die Marina Oderberg, Altes Bruch 5, 16248 Oderberg, Tel.: 033369/75 540, www.marina-oderberg.de

---

Hohensaaten

Hohensaaten, das »älteste Dorf« Brandenburgs, 1258 erstmals urkundlich erwähnt, ist ein schöner Ort mit viel Wasser drumherum und heute ein Stadtteil von Bad Freienwalde. Die nach Plänen von Friedrich August Stüler von 1858 bis 1860 erbaute neugotische Kirche gibt der Dorfmitte Würde und eine stilvolle Harmonie. Allerdings muss man schon Glück haben, einen echten Hohensaatener zu treffen. Das Dorf wirkt wochentags wie ausgestorben.

Nach 1945 geriet der Ort an der Grenze zu Polen ins Abseits, auch wenn die Werft als Reparaturwerft der DDR-Binnenflotte arbeitete und die Wasserstraße in den 1980er Jahren modernisiert und ausgebaut wurde. Heute befindet sich in Hohensaaten lediglich eine Außenstelle des Wasser- und Schifffahrtsamtes Eberswalde.

Der Aderlass nach der Wende war groß. Die Schule, der Kindergarten, die Post, das Freibad, Gaststätte, Lebensmittel-Laden, alles zu! Geschlossen! Der Mangel an Arbeitsplätzen ist ein großes Problem. Hoffnung gibt eine alte Kiesgrube nördlich des Ortes, die zu einem Badeparadies umgestaltet werden soll, auch um Touristen anzulocken.

In Hohensaaten trennt sich die Neue Oder von der Alten. Zu unterschiedlich hoch sind die Wasserstände. Zwei Schleusen nivellieren die ganze Angelegen-

Parkgrün an der Kirche: Zwiesprache zwischen Kreuz und Baum.

Dorfzentrum Hohensaaten: Die Kirche entwarf Hofbaumeister Stüler.

heit. Die Ostschleuse (erbaut von 1853–1858) »ebnete« den Schiffen den Weg in die Neue Oder. Die Westschleuse (sie entstand 1876) mündet in die Hohensaaten-Friedrichsthaler-Wasserstraße, die zum Oder-Havel-Kanal führt, von dem der Finowkanal abzweigt. Es macht Spaß, den Schleusen bei der Arbeit zuzusehen. Sie sind der touristische Hauptanziehungspunkt des Ortes. Erstaunlich sind die Höhen, die da weggeschleust werden müssen.

Information:

Heimatstube Hohensaaten, Dorfstraße 18 a, 16248 Bad Freienwalde, OT Hohensaaten, Tel.: 033368/70 446

Schleusen in Hohensaaten: Hier trennt sich die Alte von der neuen Oder.

DER FINOW-KANAL

Der Finow-Kanal war die erste künstliche deutsche Binnenwasserstraße. Sie entstand in den Jahren 1605 bis 1620 und wurde im Dreißigjährigen Krieg zerstört. Friedrich II. veranlasste den Neubau und ließ dafür ein Wasserbauamt gründen, dessen erster Direktor der Ingenieur und Feldmesser Schuhmann war. 1746 wurde der neue Kanal eingeweiht.

Die Gesamtlänge betrug knapp 50 Kilometer, der Höhenunterschied 38 Meter. Die Schiffe, die den »Canale grande« befuhren, hatten das sogenannte Finow-Maß. Sie waren 40,20 Meter lang, 4,60 Meter breit und besaßen einen Tiefgang von 1,40 Metern. Die Schleusen des Kanals waren so gebaut, dass genau zwei Schiffe dieser Maße in die Schleusen passten. Mit über 2,7 Millionen Tonnen Güterdurchgang erreichte der Kanal 1906 seine maximale Leistung. Nach der Fertigstellung der Oder-Havel-Wasserstraße 1914 verlor er an Bedeutung. Seine zwölf Schleusen sind im Durchschnitt 120 Jahre alt.

Der Finow-Kanal reicht vom Langen Trödel bei Liebenwalde im Landkreis Oberhavel bis zur Oder bei Hohensaaten. Er wird heute nur noch touristisch genutzt.

Hohenwutzen

Hohenwutzen wurde 1337 erstmals im Landbuch der Neumark erwähnt. Ein neuer Oderkanal, den Friedrich II. während der Trockenlegung (1747–1753) graben ließ, machte aus dem Festland eine Insel, die Insel Neuenhagen oder auch Oderinsel.

Bis zur Wende 1990 war Hohenwutzen für die Berliner eine unbekannte Größe. Heute fährt dreimal am Tag ein Shuttlebus von Marzahn nach Osinów Dolny, nach Niederwutzen. Ziel ist der riesengroße Polenmarkt.

SPEISEN IM KLOSTER ZEHDEN

Wer vornehmer essen möchte als an einer Würstchenbude auf dem Polenmarkt, der fährt sechs Kilometer ins Land hinein nach Cedynia.

Cedynia, einst Zehden, ist die westlichste Stadt Polens. Bis zur Regulierung des Flusses lag der kleine Ort in der einstigen Brandenburger Neumark direkt an der Oder. Heute fließt der Strom drei Kilometer an Cedynia vorbei. Ganze 1600 Einwohner leben in dem einst so bedeutsamen Städtchen. Es gehört heute zum Kreis Gryfino, dem alten Greifenhagen. Neugierige Besucher können das schmucke Rathaus und das kleine Regionalmuseum bewundern, in dem die Tourismus-Information arbeitet.

1266 wurde in Zehden ein Zisterzienser Nonnenkloster erbaut. Es gewann schnell an Einfluss und Wohlstand und spielte eine große Rolle bei der Christianisierung der Neumark. Nach der Säkularisierung des Klosters (1555) fiel die Anlage an den Kurfürsten Johann Sigismund, der von 1572–1620 lebte, die letzten Zisterzienserinnen mussten das Kloster verlassen.

1701 wurde Zehden preußisch, 1850 zog das königlich-preußische Postamt in den Westflügel, im Zweiten Weltkrieg wurde das Kloster Zehden zerstört. 1997 erwarb Piotr Hrynkiewicz, ein polnischer Investor, die Ruine und ließ sie denkmalgerecht restaurieren. Heute ist Klasztor Cedynia ein Vier-Sterne-Hotel mit einem wunderbaren Restaurant, in dem man als Gast vorzüglich bedient wird und essen kann. Nein, hier ist das Wort »speisen« angebracht!

Nein, das war nicht geplant, eher eine spontane Reaktion auf die Wohlfühl-Atmosphäre, die Restaurant und Personal im Kloster Cedynia verbreiteten. Warum nicht hier übernachten? Ein Zweibett-Zimmer kostet zwischen 70 und 90 Euro, ein Appartement 100 Euro und ein Einzelzimmer 60 Euro. Frühstück inklusive. Das sind unschlagbare Preise. Und die Zimmer sind picobello! Was gibt es da lange zu überlegen? Gute Nacht!

Ziel vieler Tagestouristen: Der Markt auf der polnischen Seite.

Auf dem Gelände einer alten Zellstoff- und Papierfabrik erfüllen polnische Händler die Wünsche deutscher Kunden. Es gibt eine Tankstelle, Friseurläden, Nagelstudios, Verkaufshallen und Außenbereiche mit über 700 Ständen. Es wird geshoppt, gegessen und gebummelt. Auf dem Markt herrscht polnisches Recht. Das erklärt zwar nicht, warum man hier Waffen, »Polenböller«, gefälschte Markenartikel und Briefmarken mit dem Konterfei von Adolf Hitler kaufen kann, aber man kann es. – Unberührt von all dem Trubel zieht die Oder ihren Weg.

Übernachtung:

Klasztor Cedynia Hotel und Restaurant, Uliza M. Konopnickiej, 74-520 Cedynia, klasztor@klasztorcedynia.pl, Tel.: +48 914 144 531, Fax +48 914 144 532

B 158
L 283
Stolzenhagen
Serwest
Parsteiner See
Parstein
Lüdersdorf
Lunow
L 200
Brodowin
Oderberg-Neuendorf
L 282
NSG Plagefenn
Steinlager
Hohensaaten
Oderberg
Liepe
L 283
L 291
Barnim
L 29
Naturschutzgebiet Niederoderbruch
B 158
Osinów Dolny
Hohenwutzen
Bralitz
Neuenhagen
Neuglietzen
ALTGLIETZEN
Niederfinow
Gabow
NEUTORNOW
Hohenfinow
SCHIFFMÜHLE
Falkenberg (Mark)
L 28
Barnim
Märkisch-Oderland
BAD FREIENWALDE (ODER)
Neureetz
Altranft
L 35
Wölsickendorf-Wollenberg
B 167
Trockenrasen Wriezen und Biesdorfer Kehlen
B 158
Wriezen
Steinbeck
L 33

Der 2. Tag

Ausgeruht, mit genügend polnischen Frühstückskalorien im Bauch, geht unsere achttägige Weltreise durchs Oderbruch weiter. Gerade wie ein Strich liegt das heutige Programm vor uns. Abfahrt Cedynia, kurz Hohenwutzen zuwinken, erster Halt ist in Altglietzen, zweiter in Neutornow, dritter in Schiffmühle, dann Bad Freienwalde …

Altglietzen

Das Dorf Altglietzen hat das Pech, eine reine Transitstrecke zu sein. Die meisten Autos, die den Ort in Schlange durchfahren, tragen Berliner Kennzeichen. Ihr Ziel ist der Polenmarkt in Hohenwutzen. Und danach, Schlange rückwärts, geht es vollbepackt nach Berlin. Da hat niemand Lust und Zeit und Muße, einen Blick in die Natur oder auf die Häuser links und rechts der Straße zu werfen.

Der Name des Ortes tauchte erstmals 1337 in den Geschichtsbüchern auf. Ein Dorf namens »Glitzen« wurde erwähnt. Das Wort, vermutlich slawisch, bedeutet »Ort, in dem es viele Regenwürmer gibt«. Ein seltsamer Name, er sollte unbedingt vom hiesigen Anglerverband überprüft werden.

Der Zusatz »Alt« hingegen wurde 1755 bewusst dem ursprünglichen Namen Glietzen hinzugefügt. Als Konsequenz auf den Bau des neuen Kolonisten-Dorfes Neuglietzen. Auf diese Weise gibt es im Oderbruch eine Menge Dörfer die ein Alt- bzw. ein Neu- vor dem Namen tragen.

Im 19. Jahrhundert wurde in der Gegend um Altglietzen Ton gefunden. Zwei Ziegeleien entstanden, die Ziegelei Hietzig (1871) und ein Ringofen von 1878, der nach dem Patent von Friedrich Eduard Hoffmann erbaut worden war. Laut Patent besteht der Ringofen aus einem großen Oval mit bis zu 20 Kammern, in denen Ziegel gebrannt werden können. Haben die Rohlinge lange genug im Feuer gelegen, bekommen sie Zeit, sich abzukühlen. Währenddessen wird eine neue Kammer gefüllt und unter Feuer gesetzt. So wandert der Brand in ein bis zwei Wochen einmal ums Oval. Und immer befindet sich die kühlste Kammer gegenüber der gerade beheizten. Diese Technik kam einer Revolution gleich. Heute ist der Ringofen ein technisches Denkmal, das man sich von innen und außen anschauen kann. Thematische Ausstellungen in ihm lassen Geschichte und Tradition des Ziegelhandwerks in Altglietzen lebendig werden.

Technisches Denkmal: Friedrich Eduard Hoffmann hat sich den Ringofen ausgedacht.

Dabei muss noch von einem Unglück berichtet werden! Am 30. Juni 2021 kam es auf dem Gelände der GOLEM GmbH Kunst- und Baukeramik zu einem verheerenden Brand, der sich durch sämtliche Produktionshallen fraß. Gott sei Dank blieb der historische Ringofen von den Flammen verschont. Es stellt sich die sorgenvolle Frage, ob die abgebrannte Produktionsstätte jemals wiederaufgebaut werden kann. Wenn nicht, würde der Verlust auch für den fast 200 Jahre alten Ringofen Folgen haben, denn mit dem Brand hat sich die Vergangenheit von der Gegenwart abgekoppelt. Das ist nie gut.

Sehenswertes:

Ringofen Altglietzen, Chausseestraße 60, 16259 Bad Freienwalde, OT Altglietzen, Tel.: 033369/75 243 (Besichtigung nach Vereinbarung).

Historische Sehenswürdigkeit im Vorüberfahren: Die Straße führt zum Polenmarkt.

Versammlungsraum für die Belegschaft: Der richtige Platz für heiße Themen.

Neutornow

Neutornow, ein Straßendorf drei Kilometer nordöstlich von Bad Freienwalde, liegt auf der Insel Neuenhagen. Nahtlos gehen die Häuserzeilen von Gabow, Neutornow und Schiffmühle ineinander über. Wer nicht aufpasst, hat sein Dorf verpasst.

Die drei Ortschaften haben sich unfreiwillig unter das Dach von Schiffmühle begeben. Ursprünglich sollte der Dorfverband Gabow heißen, aber da 1946 in Schiffmühle ein Mitglied der KPD wohnte, beförderte der zuständige sowjetische Kommandant diesen zum Bürgermeister. Damit übernahm Schiffmühle die Führung!

In den Jahren 1755 bis 1760 wurde Neutornow als Kolonistendorf angelegt, 42 Familien siedelten hier. Sie kamen aus der Pfalz und aus Hessen-Darmstadt. Jede Partei erhielt zehn Morgen Land, der Dorf-Schulze bekam 90 und der Müller 45 Morgen. Die sozialen Unterschiede, von den Neusiedlern aus der alten Heimat mitgebracht, wurden eins zu eins ins neue Brandenburger Leben »transplantiert«. Im Jahre 1763 zählte Neutornow 207 Einwohner.

Die Kirche wurde 1769/70 für die Kolonisten auf königlich-friderizianischem Grund erbaut. Den Turm bekam sie 1877 aufgesetzt, über hundert Jahre später. Ein Dachstuhlbrand zerstörte 1929 die geweihten Mauern. Beim Wiederaufbau wurde der Kirchturm um anderthalb Meter erhöht, dem Himmel nähergebracht. Der Blick von hier oben hinein ins Oderbruch ist berühmt. Was für eine herrliche Landschaft!

Auf dem Friedhof neben der Kirche befindet sich die Grabstätte von Louis Henri Fontane, dem Apotheker, dem Spieler und Alkohol-Liebhaber. Das Verhältnis zwischen Vater und Sohn war sehr schwierig. Kurz vor des Vaters Tod versöhnten sich die beiden. In einem Gedicht schrieb Theodor Fontane: »Und ein anderer Platz, dem ich verbunden bin: / Berglehnen, die Oder fließt dran hin, / Zieht vorüber in trägem Lauf, / Gelbe Mummeln schwimmen darauf. / Am Ufer Werft und Schilf und Rohr, / Und am Abhange schimmern Kreuze hervor. /Auf eines fällt heller Sonnenschein – / Da hat mein Vater seinen Stein.«

Was ist in Neutornow noch interessant? Ja richtig, ein technisches Denkmal, das Schöpfwerk. 1895 wurde es gebaut, drei Dampfmaschinen und zwei Zentrifugal-Pumpen saugten bei Gefahr Hochwasser aus dem über 10 000 Hektar großen Oderpolder und übergaben es zum Abtransport der Alten Oder.

Die drei originalen Pumpen beförderten je fünf Kubikmeter Wasser in der Sekunde. Bis zu 20 Arbeiter waren nötig, um das Schöpfwerk in Betrieb zu halten. Wurde anfangs die Arbeit noch mit Dampfkraft erledigt, so erfolgt heute der Antrieb über moderne Turbinen. Um die Steuerung wird sich in Kürze die KI kümmern, die künstliche Intelligenz. Alles wird automatisiert.

Auf einem Bergrücken über der Alten Oder: die Kirche Neutornow.

Das Schöpfwerk: Als Hochwasserschutz hat das Denkmal ausgedient.

Das Oder-Hochwasser im Jahre 1947 zerstörte das Schöpfwerk, zwei Jahre später wurde es wiederaufgebaut. Kurz vor der Wende kam das Ziegel-Gebäude in den Genuss einer denkmalgerechten Schönheitsoperation. Man trug vom Schornstein zwei Meter ab, renovierte den Steinkörper und siedelte ein Storchenpaar darauf an. Herr und Frau Storch fühlen sich seither noch wohler im Oderbruch.

Sehenswertes:
Den Schlüssel zur Besichtigung der Kirche bekommt man bei Herrn Schmidt, Neutornow 33a, Tel.: 03344/33 12 41, oder bei Frau Lukas, Neutornow 32, Tel.: 03344/33 11 94.

Hat Moos angesetzt: Der Grabstein von Louis Henri Fontane, dem Vater des Dichters.

Schiffmühle

Das Wichtigste zuerst: Zwölf Jahre lang lebte im Dorf Schiffmühle der Vater des berühmten Theodor Fontane. Das Wohnhaus, das Louis Henri Fontane 1855 in Schiffmühle erwarb, ist ein hübscher kleiner Fachwerkbau. Umgeben von einem alten Bauerngarten liegt er idyllisch zwischen der munter fließenden Alten Oder und den Hängen der Insel Neuenhagen. Der Name des Ortes geht auf eine nicht mehr existierende Schiffmühle zurück. Dieser Mühlentyp war auf einem fest im Strom verankerten Schiff stationiert, wurde von der Strömung angetrieben und zum Mahlen von Getreide, zum Sägen von Holz und zum Ölpressen benutzt. Im Fontanehaus ist ein Modell zu bewundern. Für Kinder ist ein erlebnisreicher, aktiver Wasserspielplatz mit einer Schiffmühle neben dem Haus geplant.

Im Haus selbst sind allerlei Gegenstände des »täglichen Bedarfs« gesammelt. Auch die Küche der Luise Papke, die dem »alten Herrn Fontane« den Haushalt führte, steht da im Original. Die gute Frau war berühmt für ihre Schweigsamkeit, ihre Eierkuchen und den köstlichen Kaffee, den sie brühte.

Ein kleines Apothekermuseum erinnert daran, das Louis Henri Fontane von Beruf Apotheker war, nicht Spieler.

In seinen Erinnerungen »Meine Kinderjahre« beschreibt Theodor Fontane, wie es im Inneren des Hauses aussah. »Die Thüren standen auf, und gestatteten

Kleines Haus in Schiffmühle: Hier lebte bis zu seinem Tod Louis Fontane.

Ausstellungen: Seit 1955 ist das Fontanehaus Erinnerungsstätte.

einen Einblick in das ganze Haus. Zu jeder Seite lagen zwei Räume, rechts die meines Papas, links Luisens Stube und die Küche. ›Laß uns hier eintreten‹, sagte mein Vater und führte mich in seine nach dem Hofe hinaus gelegene Schlafstube, drin sich außer einem sehr breiten Fenster auch noch ein ganz kleines Extrafenster befand, ein bloßes Kuckloch, das immer aufstand und vor dem ein Gardinchen im Winde wehte.«

Im Jahre 1867 besuchte Theodor seinen Vater ein letztes Mal. »Ich komme wieder, recht bald«, versprach er zum Abschied. So, als hätte er eine Vorahnung. Und er kam wieder, allerdings zur Beerdigung. »Es war in den ersten Oktobertagen und oben auf dem Bergrücken ... ruht er nun aus von Lebens Lust und Müh.«

Seit 1995 ist das Haus eine Fontane-Erinnerungsstätte und zeigt eine ständige Ausstellung zum Thema »Fontane und das Oderbruch«.

Sehenswertes:

Fontanehaus, Schiffmühle 3, 16259 Bad Freienwalde, OT Schiffmühle, Tel.: 03344/15 08 90; Schöpfwerk Neutornow, 16259 Bad Freienwalde, OT Schiffmühle, Neutronow, gegenüber dem Haus 67, Tel.: 03344/15 539 01

Bad Freienwalde

Ausstrahlung ist das richtige Wort. Eine Hauptstraße muss dieses gewisse Etwas haben, diesen quirligen Klangteppich aus Lachen, Gesprächsfetzen, Schimpfen, vorbeifahrenden Autos, Ladentürgebimmel, Hundegebell, Bratwurst-Dampf, aus Musik und lärmenden Kindern. Auf der Königstraße tobt das Leben, sie ist mit ihren geschmackvoll dekorierten Boutiquen, Gaststätten, Eisdielen, Bäckereien die Visitenkarte der Stadt. Kleine »Konsumtempel« reihen sich Wand an Wand. Die Königstraße beginnt am Markt und zieht sich bis zum Albert-Schweitzer-Platz hin. Fein herausgeputzt, präsentiert sie eine Mischung aus Eile und stilvoller Langeweile. Zumindest bis 18 Uhr, danach beginnt das Leben zu bröckeln. Die Geschäfte schließen, Jalousien werden heruntergelassen, Stille kehrt ein. Und wenn dann – je nach Jahreszeit – die Straßenlaternen angehen, steht man mutterseelenallein auf der Bummelmeile der Stadt.

Schöne alte Häuser reihen sich in der Königstraße aneinander, zehn von ihnen haben den Status eines bewohnten Denkmals, sie genießen die aufmerksamen Blicke der Passanten. Das älteste Haus, Königstraße 51, steht in der Nähe des Marktes und wurde um 1695 erbaut. In der Königstraße 43, Jahrgang 1797, wohnte ab 1884 der Schriftsteller Victor Blüthgen (1844–1920). Heute fast vergessen, war er zu Lebzeiten ein viel gelesener Autor. Er schrieb Romane,

Bad Freienwalde: Die Königsstraße führt direkt zum Marktplatz.

Konzerthalle St. Georg: Einst Kirche, nun kulturelles Zentrum der Stadt.

Novellen, Kinder-Gedichte, viele seiner Texte erschienen in der berühmten »Gartenlaube«.

In der Königstraße 7 machen zwei junge Frauen zurzeit mit viel Elan und guten Ideen von sich reden. Sie haben »Immergrün« gegründet, ein originelles Ladencafé nebst Einkaufsgemeinschaft, der man zum eigenen Vorteil beitreten kann. Ein »irrer Duft« nach knackigem Gemüse und frischem Brot empfängt den Besucher. An den Wänden stehen einfache Holzregale, gefüllt mit unterschiedlichsten BIO-gesiegelten Ölsorten, Marmeladen, Säften, Senfmischungen, Kinderzeichnungen, Keramik, und vieles andere mehr.

Das Angebot an regionalen Waren aus dem Oderbruch, dem östlichen Brandenburg und dem benachbarten Polen ist mindestens so beeindruckend wie die Patina, die den Innenhof verzaubert. Hier kann man eine Kleinigkeit essen, etwas trinken, und – wenn angesagt – den kleinen »Wohnzimmerkonzerten« lauschen, die von regional und überregional bekannten Künstlern zelebriert werden.

Das auffälligste Gebäude in der Königsstraße ist die Konzerthalle St. Georg, ein Fachwerkbau mit Dachreiter aus dem Jahre 1698. Das einstige Gotteshaus besaß nicht gerade eine überragende Gesundheit. Mehrmals musste es restauriert werden, verfiel wieder, stets drohte ihm der Abriss. Der letzte restauratorische Eingriff, der fünfte, war im Jahre 1986. Seither ist der Heilige Georg kerngesund. Hoffentlich bleibt es so.

»Immergrün«: Das Angebot an regionalen Waren ist beeindruckend.

Auch ein Gang durch die Nebenstraßen lohnt sich. In der Mittelstraße und der Kurzen Straße stehen wunderbar hochnäsige, mit Zopfputz verzierte Häuser aus dem späten 18. Jahrhundert.

Das Rathaus am Markt stammt aus dem Jahre 1855. Die spätklassizistische Fassade verleiht dem »Regierungssitz« der Kurstadt die Würde, die einem Rathaus zusteht. In unmittelbarer Nähe ragt wie eine Landmarke der Turm der neugotischen Stadtkirche St. Nikolai über die Dächer der Stadt. Mehrfach abgebrannt hat sie nie ihren Charakter verloren. Ihre rote Backsteinhaut wurde auf Feldsteinfundamente gesetzt. Im Inneren überrascht die Kirche durch eine malerische Renaissance-Ausstattung mit Altar (1623), Kanzel und Gestühl im Chor. Originell ist das Bildnis des Caspar von Uchtenhagen auf dem Totenbett. Die adlige Familie Uchtenhagen herrschte von 1367 bis 1618 in Freienwalde und Umgebung.

Noch heute merkt man dem historischen Stadtkern die aristokratische Vergangenheit an. Gegenüber von Rathaus und Kirche steht das Adlige Freihaus des Herrn Loeben auf Garzau (der Mann war von Steuern und Abgaben befreit), ein zweigeschossiges Fachwerkhaus mit Putzfassade aus dem Jahre 1775, in dem sich heute das Oderlandmuseum befindet. Hier wird die Geschichte des Oderbruchs erzählt. Wer vom Markt aus die Karl-Marx-Straße zirka 300 Meter in Richtung Fluss geht, wird auf einen unscheinbaren Gedenkstein stoßen. Bis

Schmuckstück am Markt: Das klassizistische Rathaus der Stadt.

Um 1890 erschlossen: Die Louisenquelle plätschert heute nur noch.

hier stand 1947 das Wasser der Oder. Auch 1997 halfen nur noch Sandsäcke das Hochwasser abzuwehren.

Bad Freienwalde, die älteste Kurstadt Brandenburgs, machte Karriere mit der Gicht, mit der vom Großen Kurfürsten nämlich. Durch Zufall erfuhr Friedrich Wilhelm, der seit Jahren an Gelenkentzündung litt, von der Entdeckung einer eisenhaltigen Quelle in dem kleinen Ort an der Oder. Das war 1684. Voller Hoffnung beauftragte er Johann Kunckel von Löwenstern, seinen Hofalchimisten, damit, die Nachricht zu überprüfen.

Kunckel fuhr hoffnungsfroh in das verträumte Städtchen, untersuchte akribisch den mineralischen Gehalt der Quelle und konnte seinem Fürsten ein positives Ergebnis melden. Sofort befahl der Gichtgeplagte, Brunnen zu bohren und ein Bad für ihn und seine höher gestellten Untertanen zu errichten.

Der Besuch des Großen Kurfürsten wirkte wie eine Initialzündung. Schon ein Jahr später bevölkerten 1 500 vornehme Badegäste die frühere Kaufmannssiedlung. Sein Nachfolger im Monarchen-Amt, König Friedrich I. beauftragte 1706 den Architekten Andreas Schlüter, ihm ein kleines Kur-Schlösschen zu errichten. Leider spülte ein enormer Starkregen (so etwas gab es auch damals schon) den Bau fort. Erschrocken ließ sich der abergläubische Friedrich von nun an das Wasser ins heimische Berliner Schloss liefern. Aus der Ferne nur griff er in das Kurleben ein. Unter anderem befand er, dass es niemandem erlaubt sein

Kurstadt: Nicht nur Heilung Suchende können hier flanieren.

solle, »innerhalb dem Brunnen eine Pfeife zu rauchen, damit die Brunnensäfte, so dessen Ruch zuwider, nicht inkommodiert werden«.

Unter Friedrich Wilhelm II. avancierte Freienwalde endgültig zum Modebad des brandenburgischen Adels. Der König beauftragte den Baumeister Carl Gotthard Langhans damit, im Gesundbrunnen ein Logier- und Badehaus (heute Kurmittelhaus) für adlige Gäste zu errichten. Von 1790 an kam sogar Friederike Luise, die Gattin des Königs, alljährlich für einige Wochen nach Freienwalde. Verletzt von den wechselnden Hofdamen im Bett ihres Gemahls, kühlte sie hier ihre Wunden. 1779, endlich Witwe, beauftragte sie den Architekten David Gilly, der berühmt dafür war, ländlichen Stil mit höfischem Anspruch zu verbinden, mit dem Bau eines Landhauses. Etwas übertrieben wurde es Schloss Freienwalde genannt. Die Königin bewohnte es bis zu ihrem Tod im Jahre 1805.

Mit ihrem Hinscheiden neigte sich auch die preußische Zeit in Freienwalde dem Ende zu. Die französische Besatzung, der Wiener Kongress, die Neuaufteilung Europas, all das ging an dem kleinen Landschloss vorüber. Das Schloss verfiel, 1909 stand es zum Verkauf.

Walther Rathenau fand Gefallen an dem noblen Haus. Der Großindustrielle, Kunstmäzen, Schriftsteller und Außenminister der Weimarer Republik kaufte das Anwesen, ließ es liebevoll restaurieren und traf sich hier u. a. mit Gästen wie Gerhard Hauptmann, Stefan Zweig oder Carl Sternheim.

Schloss Freienwalde: Walther Rathenau erwarb 1909 das Haus.

Am 24. Juni 1922 wurde Walther Rathenau von rechtsradikalen Freischärlern ermordet.

Am Morgen dieses Tages, es war ein Samstag, wollte Rathenau ins Auswärtige Amt. Obwohl es im Vorfeld immer wieder Attentatsdrohungen gab, fuhr der Politiker ohne Polizeischutz. Weder er noch sein Fahrer bemerkten den Wagen, der ihnen durch den Grunewald folgte. Kurz vor einer S-Kurve fielen die tödlichen Schüsse, Walther Rathenau starb binnen weniger Minuten.

Nach der Ermordung schenkten die ratlosen Erben Schloss Freienwalde dem Oberbarnimer Kreis. Eine kleine Bedingung nur stellten sie, die neuen Eigentümer müssten alles tun, um Rathenaus Erbe zu bewahren, es öffentlich zu machen. Heute befindet sich in dem schönen Schloss, zu dem auch ein zehn Hektar großer Park gehört, eine deutschlandweit einmalige Rathenau-Gedenkstätte. Mitsamt der umfangreichen Bibliothek.

Leider steht die Immobilie seit einiger Zeit zum Verkauf. »Keiner will das Schloss«, titelte eine Tageszeitung. Dr. Reinhard Schmook, der ehrenamtliche Geschäftsführer der Gedenkstätte, sagte folgendes zu den Gründen: »Dass die Verkaufsbemühungen scheitern mussten, liegt an dem erheblichen Reparatur- und Sanierungsrückstau, am Denkmalschutz, der Parkbewirtschaftung sowie an der Geschichte der Immobilie.« Aber das letzte Wort ist dabei noch nicht gesprochen.

1840 erweiterte die Kurstadt Freienwalde ihre Gesundheitspalette. Behandlungen für Rheumakranke kamen hinzu. Die schwefelhaltigen Packungen aus Moor, nach einer geheimen Rezeptur hergestellt, gelten bis heute als ein wirksames Heilmittel gegen rheumatische Erkrankungen. Beim Eintauchen ins Moorbad entsteht ein Gefühl der Schwerelosigkeit. Das warme Moor entlastet Gelenke, Muskeln, Bänder und fördert die Durchblutung.

»Bad« darf sich Freienwalde übrigens seit 1925 nennen. Seit 2003 trägt die Stadt den Titel als anerkanntes Moorheilbad. Leider haben mittlerweile alle Quellen, bis auf die »Kurfürstenquelle«, ihren Dienst an der Gesundheit aufgegeben. Sie sind versiegt.

Die hügelige Landschaft um Freienwalde, die Hofmalern wie Antoine Pesne, Adolf Menzel oder Karl Blechen oft Modell stand, bietet geradezu ideale Voraussetzungen für Naturliebhaber, Wanderer und Radfahrer. Nicht zuletzt die Nähe zu Berlin ließ die kleine Stadt Anfang des 19. Jahrhunderts zu einem beliebten Reiseziel der Hauptstädter werden. Bad Freienwalde erlebte eine regelrechte Renaissance. Zum einen als Kurort, zum anderen als Wanderparadies, zum dritten schließlich als brandenburgische Wintersport-Hochburg.

Seit beinahe hundert Jahren zieht man hier Spuren in den Schnee. Schon 1924 lud der örtliche Wintersportverein Freienwalde, der am 31. Januar 1923 gegründet worden war, zum ersten »Märkischen Wintersporttag« ein. Rodeln, Eislaufen und Skilanglauf standen auf dem Programm. Das größte Interesse aber fand das Skispringen. Auf einer aus Schnee gebauten Sprungschanze im Papengrund fand der erste Wettbewerb statt. Den Zuschauern stockte der Atem bei Weiten von sechs bis neun Metern. 1929, beim dritten »Märkischen Sporttag«, hatte die Kurstadt bereits eine Naturschanze, die einen Rekord von 28 Metern zuließ. Der spätere Skisprung-Olympiasieger Birger Ruud trainierte auf ihr für die olympischen Winterspiele 1936. Sein persönlicher Rekord auf der Schanze lag bei 34 Metern. Inzwischen gibt es vier Schanzen. Die größte, eine K 66, wurde mit EU-Mitteln erbaut und 2008 eingeweiht. Sie trägt den Namen des ersten deutschen Olympiasiegers im Skispringen, Dr. Helmut Recknagel. Auf ihr sollen Sprünge bis zu 80 Metern möglich sein.

Nur an Schnee mangelt es inzwischen in Brandenburg und Umgebung. Den wird es im Winter geben, verspricht Dieter Bosse, der Präsident des Wintersport-Vereins. Und wenn nicht? Dieter Bosse: »Wozu gibt es Matten. Notfalls schießen wir sogar mit Schneekanonen auf Touristen.«

Große Sprünge: 4 Schanzen gibt es im Wintersportzentrum Brandenburgs.

Anreise:

Per Bahn: Der Regional-Express RE 3 verkehrt stündlich vom Berliner Hauptbahnhof nach Eberswalde. Von dort fährt die Regionalbahn RB 60 nach Bad Freienwalde, Altranft und Wriezen.
Per Auto: Die B 158 verbindet den Berliner Autobahnring mit Bad Freienwalde. Von der A 11 (Abfahrt Finowfurt) her führt die B 167 auf ihrem Weg durch das Oderbruch nach Eberwalde und Bad Freienwalde. Sie führt weiter nach Frankfurt/Oder mit Anschluss an die A 12.

Tourist-Information:

Uchtenhagenstraße 3, 16259 Bad Freienwalde (Oder), Tel.: 03344/15 08 90, Fax: 03344/15 08 92, info@bad-freienwalde.de, www.bad-freienwalde.de; Öffnungszeiten: Mo–Fr von 9–18 Uhr, Sa, So, Feiertag 10–15 Uhr

Sehenswertes:

Kurmittelhaus Bad Freienwalde GmbH, Gesundbrunnenstraße 33a, 16259 Bad Freienwalde (Oder), Tel.: 03344/30 06 92, Fax: 03344/30 06 94.
Oderlandmuseum, Uchtenhagenstraße 12. 16259 Bad Freienwalde, Tel.: 03344/20 56, www.oderlandmuseum.de

Fahrrad-Verleih:

Fahrradladen, Königstraße 33, 16259 Bad Freienwalde (Oder), Tel.: 03344/30 17 10, Öffnungszeiten: Mo–Fr von 10–14 und 14.30–18 Uhr, Sa 10–13 Uhr, So geschlossen; kompetente Beratung und freundliches Team.

Wintersport:

Wintersportverein 1923 e.V., Berliner Str. 97, 16259 Bad Freienwalde (Oder), Tel.: 03344/30 12 78

Übernachten & Essen:

Hotel-Café Lender, Königstraße 49, 16259 Bad Freienwalde (Oder), Tel.: 03344/32 682; kleines, familiär geführtes Hotel auf der »Bummelmeile«, Zimmer nicht übermäßig groß, aber gemütlich, hell möbliert, kleiner Biergarten im Hof nicht nur für Hausgäste, hauseigener Parkplatz.
Café König, Frisch-Backshop & Café GmbH, Königstraße 50, 16259 Bad Freienwalde, Tel.: 03344/32 963 60; Backwaren, Kuchen und Torten aus der eigener Wriezener Backstube, Eis und Kaffee-Spezialitäten. 60 Plätze, davon 30 im 1. Rang, 32 Plätze im Hof.
Restaurant »Stadtmitte«, Königstraße 23 A, 16259 Bad Freienwalde (Oder), Tel.: 03344/21 90; das Essen ist sehr gut, große Portionen, kleine Preise und speziell wechselnde Angebote zur Speisekarte, der Chef höchstpersönlich bedient.
»Immergrün« Ladencafé und Einkaufsgemeinschaft, Königstraße 7, 16259 Bad Freienwalde, Tel.: 03344/33 89 734, susan.muecke@immergruen.de, www.ladencafe-immergruen.de

387 STUFEN ZUM DIPLOM!

Männer und Frauen, die kein Diplom besitzen und darunter leiden, können sich seit 2005 vertrauensvoll an die Touristik GmbH in Bad Freienwalde wenden. Dort kann man sich ein Turm-Diplom erarbeiten. Einen akademischen »Hoch-wander-Grad«. Nur für Gipfelstürmer.

Der Turmwanderweg, der zum Diplom führt, ist ca. 13 Kilometer lang. Auf diesem zeigt sich die märkische Kurstadt von ihrer hügeligsten Seite. 490 Höhenmeter sind zu überwinden. Es geht durch tiefe Täler und über steile Höhen. Bezwungen sein wollen der Bismarckturm (erbaut 1895 und 28 Meter hoch mit 112 Stufen), der Eulenturm (erbaut 2003/04, 13 Meter hoch mit 54 Stufen), der Aussichtsturm auf dem Galgenberg (erbaut 1879 als Kriegerdenkmal, 26 Meter hoch mit 98 Stufen) und der Turm der großen Sprungschanze im Papengrund (erbaut 2008, 38 Meter hoch mit 123 Stufen). Wichtig fürs Diplom ist, sich den Aufstieg durch das Abstempeln der Turm-Tour-Karte testieren zu lassen. Nach dem »Sieg über alle Türme« muss das ausgefüllte Dokument bei der Tourist-Information in Bad Freienwalde abgegeben werden. Schon ist man ein Mensch mit akademischem Höhen-Wandergrad. Und was das Schönste ist, niemand auf der Welt kann einem das Diplom wegnehmen! Selbst die allseits tätigen Plagiat-Jäger nicht.

Bei schönem Wetter werden die Gipfelstürmer mit tollen Bildern belohnt.

Die vier Aussichtsplattformen sind verteilt über das gesamte Bad Freienwalder Revier. Gewöhnlich wird der Bismarckturm als erster bestiegen, der auf dem Galgenberg ist der letzte. Als Markierung dient ein weißer Turm auf braunem Grund, bzw. die Beschriftung »Turmwanderweg«. Teilweise laufen der Turmwanderweg und der Oderlandweg parallel.

Ausgangspunkt der Wanderung zum Bismarckturm ist der Luftkurort Falkenberg in der Mark. Vom Bahnhof aus geht es ins Ortszentrum zum Fontaneplatz, die B 167 dient als Orientierung. Dann immer den Theodor-Fontane-Weg (blauer Strich auf weißem Grund) entlang. Am Ende der Dichter-Straße beginnt der Turmwanderweg. Durch Laub- und Mischwald führt er steil hinauf in Richtung Bismarckturm. Nach den Schutzhütten am Tobbenberg geht es richtig »rein ins Gebirge«. Kurze Auf- und Abstiege führen zu einer Wegkreuzung, in die wir links einbiegen. Nach etwa einer Stunde, gerechnet von Falkenberg aus, ist der Turm des »Eisernen Kanzlers«, der auf den Fundamenten der ehemaligen Burg Malchow steht, erreicht. Dort angekommen, ändern wir unseren ursprünglichen Plan. Wir verzichten aus Gründen der »Völkerverständigung« darauf, die Wege zu den drei anderen Türmen nachzuzeichnen. Sie sind ausgeschildert, und die Tourist-Information Bad Freienwalde liefert gern, wenn nötig, weitere Orientierungshilfe.

Anstelle dessen wollen wir uns um das schöne Verhältnis zwischen Preußen und Bayern kümmern. Um den Brandenburger Watzmann, der in der arg zerklüfteten Bergwelt des Oberbarnim zuhause ist, nebst einer düsteren Klamm. Selbstbewusst ragt er unweit des Bismarckturms 1062 Dezimeter in den Himmel.

Wer nun meint, dabei könne es sich nur um einen Scherz handeln, der irrt. Der Name Watzmann ist keine Erfindung der Tourismusindustrie, er ist seit circa 130 Jahren auf den historischen Landkarten Brandenburgs nachweisbar. Landsknechte aus Bayern, die vor Urzeiten auf Burg Malchow dienten, gaben voller Heimweh einer kahlen Bergkuppe unweit der Burg den ihnen so vertrauten Namen. Vom Watzmann aus konnten sie weit ins Oberbruch hineinschauen, jeden Feind aus der Ferne erspähen. Ihre Sehnsucht nach Bayern war so groß, dass Brandenburg nun die einzige Region außerhalb Bayerns ist, die ihren eigenen Watzmann hat. Seit 2017 trägt der 1062 Dezimeter hohe Riese, der nicht ganz an seinen Namensvetter (2713 Meter) heranreicht, sogar ein Gipfelkreuz.

Übrigens! Der 22 Kilometer lange Gipfelstürmerweg, zu dem das Ersteigen des Watzmanns ebenso gehört, wie der Abstieg in die düstere Klamm, hat es im Wettbewerb um Deutschlands schönsten Wanderweg 2021 in die Top-Ten geschafft. Er ist gegen härteste Konkurrenz Neunter geworden. Und damit beliebtester Wanderweg im Osten Deutschlands.

Turmdiplom:
Bad Freienwalde Tourismus GmbH – Tourist-Information, Uchtenhagenstraße 3, 16259 Bad Freienwalde (Oder), Tel.: Telefon: 03344/15 08 90. Die Türme sind vom 1. April bis zum 31. Oktober geöffnet, Fr–So und an Feiertagen von 10–17 Uhr.

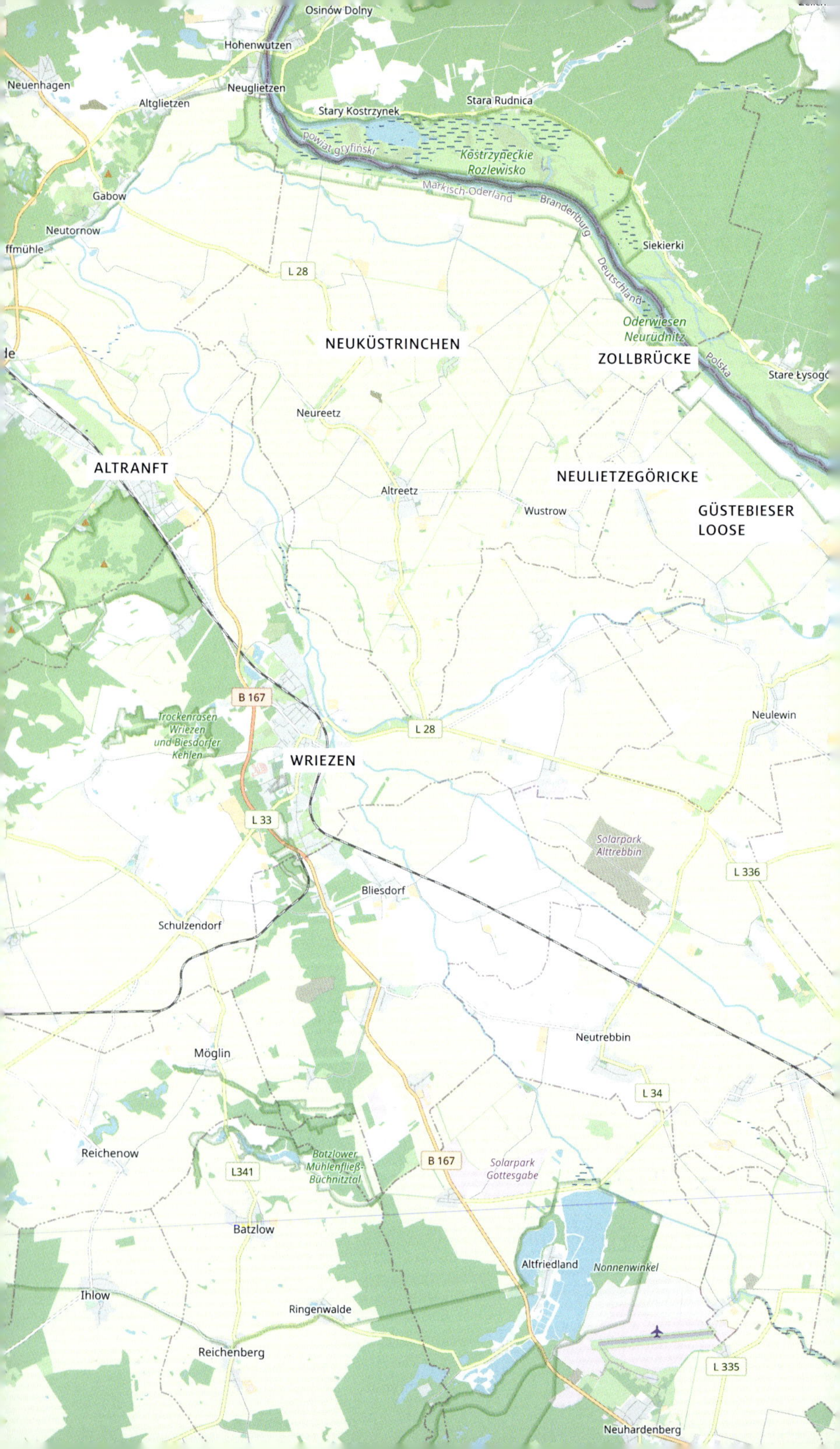

Osinów Dolny
Hohenwutzen
Neuenhagen
Neuglietzen
Altglietzen
Stara Rudnica
Stary Kostrzynek
powiat gryfiński
Kostrzyneckie Rozlewisko
Märkisch-Oderland
Brandenburg
Gabow
Neutornow
ffmühle
Siekierki
L 28
Deutschland
Oderwiesen Neurüdnitz
NEUKÜSTRINCHEN
ZOLLBRÜCKE
Polska
Stare Łysogó
Neureetz
ALTRANFT
NEULIETZEGÖRICKE
Altreetz
Wustrow
GÜSTEBIESER LOOSE
Neulewin
B 167
Trockenrasen Wriezen und Biesdorfer Kehlen
L 28
WRIEZEN
L 33
Solarpark Alttrebbin
L 336
Bliesdorf
Schulzendorf
Neutrebbin
Möglin
L 34
Reichenow
L341
Batzlower Mühlenfließ-Büchnitztal
B 167
Solarpark Gottesgabe
Batzlow
Altfriedland
Nonnenwinkel
Ihlow
Ringenwalde
Reichenberg
L 335
Neuhardenberg

Der 3. Tag

Schade, wir haben uns gestern zeitlich übernommen. Auf dem Plan standen noch Altranft und Neuküstrinchen. Aber denkste … Bad Freienwalde hatte doch mehr zu bieten als angenommen. Und auch das ständige Auf und Ab über die Hügel hat die Energiereserven ziemlich aufgebraucht. So ging die Sonne unter, ohne dass wir die beiden Ortschaften zu sehen bekamen. Also suchten wir uns ein Zimmer zur Nacht. Und wie immer im Leben, boten sich mehrere Möglichkeiten. Um genau zu sein: zwei. Das Garni Hotel »Zum Löwen« und die Hotel-Pension Lender. Rein zufällig gab es in beiden Häusern ein freies Zimmer zur Nacht. Nach dem Abwägen aller Unwägbarkeiten überzeugte beim Lender die Anwesenheit eines traditionellen Biergartens. Nun denn: Prost! Und Gute Nacht. Am nächsten Morgen geht es nach Altranft.

Altranft

Der kleine Ort ist Dorf und Museum zugleich. Schloss, Park, Kirche, Mühle, Fischerhaus, Schmiede, alles ist noch so, wie es vor Jahrhunderten war. Altranft wurde 1375 erstmals urkundlich erwähnt und ist mit dem Namen derer von Pfuels eng verbunden.

Diese Familie mit Otto von Pfuel (1375–1420) an der Spitze, bestimmte über 300 Jahre die Geschicke des Dorfes. Den Pfuels gehörte das meiste Land in der Mark, sie erwirtschafteten die erquicklichsten Gewinne. Kurz gesagt, die Pfuels waren Großgrundbesitzer. Die großten unter den großen. Und was ihnen nicht gehörte, gehörte eben anderen Großgrundbesitzern. So war das damals. Von wegen guter, alter Zeit!

Das Pfuelsche Anwesen bestand aus einem »Herrenhaus«, das von einem Lustgarten mit Weinberg umgeben war. Es gab einen Kräuter- und Küchengarten, eine Baumschule und zwei Karpfenteiche. Das Schloss wurde um 1600 errichtet, und zwischen 1876 und 1883 neubarock erweitert. Der Umbau erhöhte das noble Haus und machte ein richtiges Schloss daraus.

Plötzlich stand da eine großzügige Dreiflügelanlage, die von einem Park umgeben war, der in seiner Art auch von Peter Joseph Lenné hätte erdacht sein können. Aber Genaueres weiß man nicht. So, wie sich Schloss Altranft heute präsentiert, darf es als Beleg für die märkische Gutsarchitektur gelten. Es ist, mit seinen zu unterschiedlichen Zeiten vom 17. bis zum 19. Jahrhundert entstandenen Bauteilen, ein sehr seltenes Exemplar.

Schloss Altranft: Eng mit der Adelsfamilie von Pfuel verbunden.

Dorfkirche Altranft: Ursprünglich lebten vor allem Fischer im Dorf.

Knorriger Einzelgänger: Wie ein Kunstwerk steht der Riese bei Rathsdorf.

Altranft ist so etwas wie eine architektonische und landeskundliche Gen-Reserve des Landes Brandenburg. Bei einem Spaziergang kann man erleben, wie es um 1850 in der alten Dorfschule zuging, wie schwer die Arbeit in einer Schmiede (1910) war, wie es in der Feldsteinscheune (1805) aussah oder in einem Korbflechterhaus (um 1700). In Altranft lebten ursprünglich Fischer. Da die Oder sehr fischreich war, ernährte das Handwerk seine Herren. Das änderte sich mit der Trockenlegung des Bruchs, aus den Fischern wurden notgedrungen Korbflechter, Holzschuhmacher, Bauern oder Weber.

Wer also wissen möchte, wie es in einem mittelalterlichen Brandenburger Dorf einst zuging, der ist im Freilichtmuseum Altranft, das heute unter dem Namen »Oderbruch Museum Altranft – Werkstatt für ländliche Kultur« zu Hause ist, an der richtigen Stelle.

Die Werkstatt übernimmt Aufgaben, die über die klassische Museumsarbeit hinausgehen. Dazu gehört zum Beispiel die Zusammenarbeit mit freien Künstlern, mit Heimatstuben und Vereinen.

Sehenswertes:
Oderbruch Museum Altranft, Am Anger 27, 16259 Bad Freienwalde, OT Altranft,
Tel.: 03344/33 39 11, www.oderbruchmuseum.de

Neuküstrinchen

Neuküstrinchen, wenige Kilometer von Altranft entfernt, hat nicht viel mehr als 200 Einwohner. Und das, obwohl die Dorfkirche, »Dom des Oderbruchs« genannt, gut 1300 Gläubigen Platz bietet. Der neuromanische Backsteinbau, zwischen 1878 und 1880 hochgezogen, funktionierte als zentrale Kirche für fünf Oderbruch-Gemeinden und war zu damaliger Zeit im sonntäglichen Gottesdienst sicherlich bis auf den letzten Platz gefüllt. Aber die Zeiten haben sich geändert. Heute finden in der XXL-Kirche Gottesdienste, Konzerte und Kulturveranstaltungen statt.

Weit leuchtet der Kirchturm über die Felder, wenn sich die Sonne auf den roten Backstein setzt. In den Jahren 2012/13 wurde »der Dom« mit großem Aufwand restauriert. Das hat die Kirche schöngemacht, neues Leben hat es ihr nicht eingehaucht.

Neuküstrinchen: Jedes Oderbruch-Dorf hat seinen »privaten« Storch.

Wriezen

Auf dem Marktplatz von Wriezen: Ein Teufel, 1,20 Meter groß, nackt, aus Bronze und mit einem Goldstück in der Hand, steht inmitten eines ungewöhnlichen Denkmals auf einem großen Stein. Er reckt frech sein Hinterteil der Ruine von St. Marien entgegen. Um ihn herum geschehen seltsame Dinge. Ein Fischer, die Tabakspfeife im Mund, holt das Netz ein. Aale zappeln darin, ein Wels, ein Hecht, verwundert guckt die Odernixe auf die alten DDR-Häuser am Markt, ein Harlekin steht etwas ratlos daneben und scheint übers Leben nachzudenken, es gibt Schildkröten, die Wasser speien und einen Kater, der sich mit steifem Schwanz für die Fische interessiert. Und es gibt einen Mann, der ein Brett vor dem Kopf hat. Er sitzt auf einem Sockel, auf dem die Frage steht: Ach Mensch, wo gehst Du hin? Und das Brett vor dem Kopf trägt die Losung: Jeder kann es selbst herunterreißen.

Alles ist aus Bronze, alles trägt witzige Details und setzt sich mit menschlichen Schwächen auseinander, mit teuflischer Geldgier und arroganter Dummheit, die zu nichts nutze ist. »Lebensbrunnen« nannte der Bildhauer Horst Engelhardt sein freches Schaustück von 1997.

Im Vorfeld gab es großen Ärger, der für deutschlandweite Schlagzeilen sorgte. Der Kirche gefiel es ganz und gar nicht, dass der Teufel mit seinem nackten Hin-

Teuflisch: Auf dem Marktplatz von Wriezen machte ein Denkmal Ärger.

Tierisches Gewimmel: Bildhauer Engelhardt schuf ein freches Schaustück.

Erinnerung an untergegangene Zeiten: Die alten Kalköfen am Hafen.

terteil nur wenige Meter vor dem Gotteshaus St. Marien seinen Schabernack treibt. Sie protestierte im Namen Gottes, sammelte Unterschriften und ließ die Bürger über den Herrn der Hölle abstimmen. Am 7. September 1997 fand der Bürgerentscheid statt, der erste und einzige, den es bislang in Wriezen gab.

Als die Kontostände abgelesen waren, verloren die Gesichtszüge des Pfarrers ein wenig die Contenance. 65 Prozent der Bürger sahen in dem Teufel keine Gefahr. »Offenbar wird er in unserer Stadt akzeptiert«, sagte der Pfarrer traurig und beugte sich als Demokrat der Niederlage.

Mittlerweile wird der lebensfrohe Brunnen von allen Wriezenern, gleich welcher Couleur, geschätzt bis geliebt. Auch die Touristen bleiben stehen und betrachten voller Vergnügen das fantasievolle, in Bronze gegossene Leben.

Die kleine Stadt, 1247 erstmals urkundlich erwähnt, blickt auf eine wohlhabende Vergangenheit zurück. Davon sieht man heute nichts mehr. Farblos kreuzt sie unseren Weg. Ist das der Grund, warum ein Lokalpatriot mit Hang zur Poesie eine bunte Botschaft auf das Grau einer Häuserwand sprayte: »Wriezen muss man siezen«, steht da etwas rätselhaft in farbigen Lettern. Wird hier etwa für bessere Umgangsformen geworben? Wir wissen es nicht.

Die einstige Hauptstadt des Oderbruchs jedenfalls hat es schwer, bei Touristen zu punkten. Ihr wurde 1945 die Seele aus dem Leib gebrannt. Davon hat sie sich bis heute nicht erholt. In den 1980er Jahren wollte man wieder ein

Ein Stein für den Arzt Koyenuma: Er gab sein Leben für die Bevölkerung.

Schmuckstück draus machen, der Fußgänger-Boulevard entstand … Bevor das Schmuckstück allerdings fertig war, kam die Wende …

Am 16. April 1945 begann um drei Uhr morgens der Angriff der Roten Armee. Panik erfasste die Menschen, viele schrien in blanker Todesangst. Frauen und Kinder wurden niedergerannt, Granaten schlugen ein, Häuser stürzten in sich

Feierabend-Bier: Auf ein Guinness in die »Alten Destille«.

zusammen, das schöne Zentrum mit seinen Fachwerkhäusern brannte lichterloh. Schwarz war der Himmel über Wriezen. Erst als die Flammen nichts mehr zu fressen bekamen, legte sich das Inferno. Fast 90 Prozent der Stadt waren zerstört. Am 19. April wurde Wriezen eingenommen.

Strategisch besaß der Ort keine Bedeutung, er hatte lediglich das Pech, den Russen auf dem Marsch nach Berlin im Wege zu stehen. Das nur zehn Kilometer entfernte Bad Freienwalde dagegen kam völlig »ungeschoren« davon. Wriezen aber fiel in Schutt und Asche.

Zu den Häusern, die überlebt haben, gehört das Rathaus. Ihm gegenüber steht auf gepflegtem Rasen ein großer, weißer Stein aus thailändischem Marmor. Ein optischer Hingucker. Auf der Tafel ist zu lesen:

»Der japanische Wissenschaftler und Arzt Dr. Nobutsugu Koyenuma hat sich in den Jahren 1946/47 aufgeopfert im Dienst an ungezählten Typhus-Kranken dieser Region. Er ruht hier fern seiner Heimat auf dem Wriezener Kirchhof. Dieses Mahnmal wurde im Jahre 2000 geschaffen von den beiden Bildhauern Tatsuhiko Yokoo und Axel Anklam.«

Aha! Ein wenig ratlos steht man vor dem seelenlosen runden Monument, und fragt sich, was will der Stein uns sagen?

Der japanische Arzt Dr. Koyenuma, dem er gewidmet ist, kam im Frühjahr 1937 als Stipendiat nach Deutschland. Er studierte am Robert-Koch-Institut in

Steinerne Schönheiten: Schweigend betrachten die beiden das Leben.

Berlin und ging dann ans Institut für Strahlenforschung. Dort habilitierte er 1944 mit einem Thema zum Wirkungsmechanismus der Röntgenstrahlung. Auch privat unterlag er einer Strahlung, der eines schönen deutschen Mädchens. Ihre Strahlkraft war so groß, dass Koyenuma den Rat seiner Regierung, Berlin zu verlassen, missachtete. »Zur Strafe« fiel er den Russen in die Hände, und wurde 1945 als Arzt von der russischen Militär-Administration ins zerstörte Wriezen geschickt. Dort arbeitete er als leitender Arzt und bekämpfte die grassierenden Infektionskrankheiten, vor allem den Flecktyphus. Im Februar 1946 erkranke er selbst an der Kriegspest. »Ich wünschte, ich könnte noch einmal die Kirschblüten sehen«, soll er gesagt haben. Ein Wunsch, der sich nicht erfüllte. Am 8. März 1946 starb der japanische Arzt mit 37 Jahren in Wriezen. Am 3. Juli 1994 wurde er posthum zum Ehrenbürger der Stadt ernannt. Die Menschen haben ihn nicht vergessen. Eine Städtefreundschaft verbindet seither das japanische Hatiouji bei Tokio mit Wriezen.

Nicht weit vom Mahnmal für Nobutsugu Koyenuma entfernt, steht die Ruine der spätgotischen Stadtkirche St. Marien. Kurz vor Ende des Zweiten Weltkrieges wurde auch sie von Granaten getroffen und schwer beschädigt. Seither wartet die Heilige Maria auf ihr zweites Leben.

In den fünfziger Jahren wurde das Südschiff wieder für Gottesdienste hergerichtet, man kann den Turm besteigen, die Ruine von innen besichtigen, aber

Verbindung zur Welt: Der Bahnhof von Wriezen.

was ist das für ein Leben? Stück für Stück soll sie nun in den nächsten Jahren wiederaufgebaut werden.

Was gibt es sonst noch in Wriezen? In das Gebäude der ehemaligen Sprit- und Essigfabrik mit seiner schönen Industriearchitektur ist eine Senffabrik eingezogen. Wriezener Senf gibt es überall, auch in Berlin, zu kaufen. Das Rathaus ist in der vormaligen Provinzialtaubstummenanstalt untergekommen.

Vieles hat sich verändert. Im Gedächtnis des Ortes aber lebt noch immer die Zeit, da Wriezen als Eisenbahnknotenpunkt und Handelsstadt das große Rad drehte. Der Fischreichtum der Oder hatte vor Jahrhunderten die Stadt zur Drehscheibe des Fischhandels gemacht. Alle Fischer zwischen Oderberg und Küstrin waren per Dekret verpflichtet, ihre Fänge nach Wriezen zu liefern. 1438 wurde im Rathaus sogar ein »Oberstes Gericht« installiert, nebst Gefängnis und Folterkammer. So wurde der Alleinvertretungsanspruch in der Fischfrage durchgesetzt. Mit Hunderten von Kähnen landeten Karpfen, Hechte, Aale, Barsche, Zander und Quappen zu den Markttagen hier an. Ganz Berlin bezog Frischfisch aus der Oder, auch München, Nürnberg, Aue, Goslar, Leipzig. Geräucherte Fischkörper wurde bis nach Italien verkauft. Selbst Schildkröten wurden gefangen, sie waren in Schlesien und Böhmen besonders begehrt.

In ganz Deutschland hatte man von der berühmten Zunft der Hechtreißer gehört, ohne genau zu wissen, wer oder was sich dahinter verbirgt. So viel war

An der Alten Oder: Glücklich, wer am Ufer ein Häuschen besitzt.

klar, die Hechtreißer waren ein sehr exklusiver Verein, der auf seinem Höhepunkt gerade einmal 47 Mitglieder hatte. »Ehrliche Herkunft, gesitteter Lebenswandel, das Bürgerrecht und eigener Besitz« waren Voraussetzungen für die Aufnahme in die Zunft. Auch war festgeschrieben, wie es bei Zusammenkünften zuzugehen hatte. Die Innungsmitglieder sollten »ohne Saufen und Fressen« sich »stille und ehrbar verhalten, und keiner den anderen mit schimpflichen Worten angreifen, noch sonst ungebührliche Worte führen, bei 6 Gr. Strafe, weniger ein Messer zücken, noch Schlägerei anrichten …«

Glaubt man den Erzählungen (Vorsicht, Anglerlatein!), so rissen die Hechtreißer den Tieren oben den Rücken auf, entgräteten den Fisch, nahmen die Eingeweide heraus und gaben Salz hinein. Im Jahre 1705 wurden 674 Tonnen gepökelter Hechte ins Ausland verkauft, fünfzig Jahre später waren es über 800 Tonnen. – Noch heute gibt es einen Angelverein in Wriezen, der sich auf die Tradition beruft und den Namen »Hechtreißer e. V.« trägt.

Was noch?

Erstens stand in Wriezen die Wiege der Freiwilligen Feuerwehr Brandenburgs. Bürgermeister Albert Mahler, an den heute ein Denkmal auf dem Schützenplatz erinnert, gründete sie im Jahre 1855. Zweitens ist ein Besuch der Villa Blunk sehr zu empfehlen. Hier kann man sich mit eigenen künstlerischen Ideen überraschen. Man kann malen lernen. Und zeichnen. Außerdem finden in dem

Zufrieden mit sich und dem Fang: Die Pfeife schmeckt immer.

schönen Haus regelmäßig interessante Ausstellungen statt. Drittens gehören zu den Sehenswürdigkeiten in Wriezen die alten Kalköfen am Hafen, das Stadtmuseum »Zur alten Malzfabrik« und der größte als Baudenkmal erhaltene jüdische Friedhof im Oderbruch aus dem Jahre 1730. 130 Grabsteine erzählen aus der Geschichte jüdischen Lebens. Man muss sie nur hören wollen.

Information:
Stadtverwaltung Wriezen, Freienwalder Straße 50, 16269 Wriezen, Tel.: 033456/49 149, www.wriezen.de

Sehenswert:
Jüdischer Friedhof Wriezen, am Siedlungsweg;
Villa Blunk für zeitgenössische Kunst und Kultur, Berliner Berg 4, 16269 Wriezen, Tel.: 033456/38 30 65, www.villa-blunk.de

---

ATELIER FÜR BETONKÖPFE

Hitler selbst war es, der dem Groß-Bildhauer Arno Breker (1900–1991) mit einer Kleinigkeit den 40. Geburtstag versüßte. Er schenkte ihm das ehemalige Rittergut Jäckelsbruch bei Wriezen. Einfach so. Mit Schloss und Park, mit Möbel und Inventar. Und einem vom Architekten Friedrich Tamms entworfenen Großraum-Atelier. Überschwänglich bedankte sich Breker bei seinem Freund Adolf Hitler.

Ein Jahr später, mitten im Zweiten Weltkrieg, gründete Breker in Wriezen die »Steinbildhauerwerkstätten Arno Breker GmbH«. Dazu besetzte er ein großes Werksgelände mit Bahnanschluss und Kanalhafen. Breker konnte so großzügig kalkulieren, weil er wusste, dass der Generalbauinspektor für Berlin, Albert Speer, sein Auftraggeber war. Es ging um Bildhauerarbeiten zur Neugestaltung der Nord-Süd-Achse Berlins und um die propagandistische Ausschmückung des Reichsparteitagsgeländes in Nürnberg.

Millionenbeträge flossen jährlich in die künstlerische Fließbandfertigung. Gegen Ende des Krieges hatten gut fünfzig Kriegsgefangene und Zwangsarbeiter damit zu tun, im Rittergut Jäckelsbruch, gelegen im Wriezener Ortsteil Eichwerder, die Kopfgeburten Brekers in Stein zu hauen.

Nach getaner künstlerischer Arbeit empfing der Feingeist Persönlichkeiten aus Kultur und Politik des In- und Auslandes. Bei Kaffee und Kuchen plauderte man über Gott und die Welt. Oft war Albert Speer nebst Gattin zu Gast, auch der Pianist Wilhelm Kempff ließ sich gern beköstigen. Im Dezember 1944 wurde die »Künstler-Kolonie« ins Bayrische verschickt, Wriezen war zu bombenanfällig geworden.

Heute erinnern noch das Atelier, Brunnenhaus und Schwimmbad an die »gute, alte Zeit«. Die Anlage mit Resten von Park und Baumallee steht seit 1989 unter Denkmalschutz. 1976 erwarb der Bildhauer Horst Engelhardt das Brekersche Anwesen. Er lebte und arbeitete dort bis zu seinem Tod im Jahre 2014. Nun wird das Atelier von seinem Sohn, dem Bildhauer Jörg Engelhardt, genutzt.

Neulietzegöricke

Neulietzegöricke, das älteste Kolonistendorf im Oderbruch, mit 220 Einwohnern, 1753 gegründet, wird von Freunden auch liebevoll »Lietze« genannt und gilt als das schönste Dorf im Oderbruch. Obwohl kein einziges Haus mehr im Original vorhanden ist, erkennt man hier die DNA, den Bauplan, der den einstigen Neuansiedlungen zugrunde lag.

Das langgestreckte Dorf wird von zwei parallellaufenden Straßen begrenzt. Der Raum dazwischen, 35 bis 40 Meter breit, diente dazu, einen Graben parallel zu den Grundstücken auszuheben. Dieser sollte erstens die Dorfanlage entwässern, zweitens wurden mit dem Aushub die Hofstellen erhöht.

Zwischen den Häusern, die in Traufstellung zur Straße stehen, fanden die öffentlichen Gebäude ihren Platz. Die Dorfkirche, der Dorfkrug »Zum Feuchten Willi« und das Schulhaus. Alle wurden nach dem Feuer errichtet, das 1832 den größten Teil des Dorfes vernichtete.

Etwa ein Drittel der Gebäude sind Fachwerkhäuser oder sie besitzen Fachwerk-Elemente. Der Name Neulietzegöricke stammt übrigens aus dem Slawischen und bedeutet »Kahler Hügel«. Interessant ist der Vierseithof in der Dorfstraße 81 mit einem Taubenhaus, wie man es aus Südfrankreich kennt. Viele Objekte besitzen die Qualität eines Einzeldenkmals, so der Friedhof mit Kapelle

Neulietzegöricke: Einladung zum Kaffee-Kränzchen mit Kuchen.

Wunderbar restauriert: Das historische Gartenhaus.

Leidenschaft: Kaffee-Kannen-Sammlung im Kolonisten-Kaffee.

Bilder-Rahmen: Wann kommen die Gäste zum Grillen?

(1770), das Bienenhaus (um 1780) mit Pyramidendach sowie das ehemalige Schulhaus (1909).

Ein beschilderter Dorfrundgang erzählt vom Leben der Kolonisten. Einmal im Jahr, jeweils im September, findet – den »Ureinwohnern« zu Ehren – der Tag des Kolonisten statt. Im Kolonisten-Kaffee gibt es dann (wie sonst auch) selbstgebackenen Kuchen, und im Dorfkrug »Zum Feuchten Willi« finden Livekonzerte statt. Der »Feuchte Willi« ist das traditionsreichste Lokal im Oderbruch, ein Original. Wer mit den Einheimischen ins Gespräch kommen möchte, der hat im »Feuchten Willi« die besten Chancen.

Essen & Trinken:

Kolonisten Kaffee, Neulietzegöricke 78, 16259 Neulewin OT Neulietzegöricke, Öffnungszeiten: ab 21. Juni Mi–So 13–18 Uhr, ab Okt. Fr–So 13–18 Uhr, Tel.: 0162/21 40 221, www.kolonisten-kaffee.de, info@kolonisten-kaffee.de

Gaststätte »Zum Feuchten Willi«, Neulietzegöricke 75, 16259 Neulewin OT Neulietzegöricke, Tel.: 033457/54 23

Zollbrücke

Zollbrücke liegt 16 Kilometer nordöstlich von Wriezen direkt an der Oder. Am östlichen Rand Deutschlands. Geschützt vom Oderdeich.

Wo heute der Ort Zollbrücke steht, errichteten 1755 Siedler eine Holzbrücke über den Fluss und forderten beim Überqueren Zoll. 1806 zerstörte ein Eishochwasser die Brücke. Sie wurde durch eine Fähre ersetzt, die ihr Hin und Her erst nach dem Zweiten Weltkrieg einstellte. Danach war Ruhe zwischen Ost und West. Die Ruhe hält bis heute. Schade! 2007 fuhr kurzzeitig wieder eine Fähre, aber es war nur ein Intermezzo.

Die schöne Siedlung mit den kleinen Häusern, eins so gepflegt wie das andere, liegt am Oder-Neiße-Radweg. Im eigenen Garten angebautes Gemüse und frisch gelegte Eier werden zum Verkauf angeboten. Zollbrücke besteht aus siebzehn Einwohnern, einem Dammmeisterhaus, vier Gaststätten, einem Theater und einer Deichscharte. Das ist ein Loch im Deich. Etwas, was man eigentlich nicht gebrauchen kann. Hier in Zollbrücke aber ist es das Wahrzeichen für den Hochwasserschutz. Bei Gefahr wird die Deichscharte mit Holzbalken und Sandsäcken verschlossen, vom Dammmeister ausgewetzt!

Das Hochwasser im Jahr 1997 beschädigte Zollbrücke schwer. Nach der Flut wurde der Deich in Höhe des Dammmeisterhauses um rund sechs Meter in

Loch im Deich: Bei Gefahr wird es hermetisch verschlossen.

Hat groß Karriere gemacht: Das »Theater am Rand« in Zollbrücke.

Richtung Fluss verlegt. Bei den Bauarbeiten musste die alte Deichscharte entfernt werden. Die neue, an der Sohle mit Eisen bewehrt, ist nun aus Spezialbeton. Die Seitenwände haben eine Klinker-Verblendung und – richtig schick – ein Geländer. Seither ist der Deich einen Meter höher als der bislang höchste Hochwasserstand. Der betrug 9,55 Meter über Normalnull. Das war am 22. März 1940.

Die eigentliche Überraschung des kleinen Ortes Zollbrücke ist das »Theater am Rand«. Zwei Menschen sind gemeinsam in einer Person Werbefachmann, Hauptdarsteller, Intendant, Verwaltungsdirektor, Sänger, Regisseur! Der Akkordeonspieler Tobias Morgenstern und Thomas Rühmann, der Schauspieler. Beide geben ihrem Affen Zucker, verwirklichen sich selbst in verschiedensten Rollen und Theaterstücken, Erzählungen, musikalisch-szenischen Lesungen, selbst eine Operette ist im Angebot.

Am Anfang, wir sprechen vom Jahr 1998, gab es das Theater in der guten Stube, Holzbänke für 32 Zuschauer, eine winzige Bühne, fünf Scheinwerfer. Das Grenz-Theater sprach sich herum, Rezensionen und Mundpropaganda sorgten dafür, dass es im Frühjahr 2006 eng wurde. Platz war nur noch auf der grünen Wiese, ein neues Haus musste her.

Eines mit Turm, das Dach wird von geschälten Eichenstämmen getragen. Die ganze Konstruktion hängt schief, ist an den Seiten offen, die Abwesenheit von rechten Winkeln ist gewollt, hat etwas mit der Ästhetik der Geschichten zu

Hinterm Deich: Dammmeisterei Zollbrücke mit Restaurant und Biergarten.

tun, die erzählt werden. Natur und Kunst gehen eine Symbiose ein, holen die Landschaft auf die Bühne, den Wind und das Wetter. 200 Zuschauer fasst das Haus. Erzählt werden Geschichten aus dieser Welt. Einfach und professionell. Mit Leidenschaft und viel Freude.

Man sagt, Rühmann und Morgenstern hätten das Theater gegründet. Das stimmt nicht, sagt Rühmann: »Es ist uns passiert.«

Sehenswertes:

Theater am Rand, Zollbrücke 16, 16259 Zäckericker Loose, Tel.: 033457/66 521, www.theateramrand.de, info@theateramrand.de;
Ziegenhof Zollbrücke, Milchprodukte aus dem Oderbruch, Dorfstraße 75, 16259 Zäckericker Loose, Tel. und Fax: 033457/50 65, www.ziegenhof-zollbruecke.de

---

Grenzpfahl: Friedliche Ruhe zwischen Deutschland und Polen.

Güstebieser Loose

Es waren zwei Königskinder, / die hatten einander so lieb, / sie konnten beisammen nicht kommen, / das Wasser war viel zu tief.

Wir reden von Güstebiese und Güstebieser Loose. Güstebiese, heute Gozdowice, liegt am westlichen Rand Polens. Gegenüber, am östlichen Rand Deutschlands, gibt es Güstebieser Loose. Dazwischen fließt die Oder, 160 Meter breit. So ist die Wirklichkeit. Die beiden Dörfer waren einmal eins. Der Zweite Weltkrieg hat sie getrennt.

Nach der Wende, als sich die Menschen näherkamen, flogen neugierige Blicke hin und her. Man wollte sich gern besuchen, wusste aber nicht wie. Was fehlte, waren Brücken. Eine überquert den Fluss in Hohenwutzen, eine andere führt übers Wasser bei Küstrin-Kietz. Beide Brücken sind jeweils 25 Kilometer von Güstebiese und Güstebieser Loose entfernt.

1992, als die Lage fast aussichtslos schien, kam jemand auf die verrückte Idee, eine Fähre von A nach B zu installieren. Und plötzlich erinnerten sich die Älteren, dass es so etwas schon einmal gegeben hatte, von 1815 bis 1945. Und die Fähre tat damals allen gut. Das kleine Dorf Güstebiese, gegründet 1336, entwickelte sich sogar zu einem richtigen Luftkurort. An der Oder entstand ein Badestrand.

Im November 2007, fünfzehn Jahre nach der Geburt des verrückten Gedankens, flogen endlich die Sektkorken, feierlich wurde die Fähre gesegnet und eingeweiht. Sie hört auf den symbolischen Namen »Bez Granic« – »Ohne Grenzen« und ist eine Schaufelrad-Fähre.

Ein Außenstehender kann sich überhaupt nicht vorstellen, welche Maßnahmen notwendig sind, welche Behörden beteiligt sein müssen, wenn es darum geht, einen Grenzfluss zu überqueren, begründete einer, der an den Gesprächen teilnahm, die Länge der Verhandlungen. Hinzu kämen die unterschiedlichsten Vorschriften, die Polen und Deutschland hätten. Und schließlich müsse alles, was ausgehandelt ist, von Berlin und Warschau abgenickt werden. Sagte er. Das dauert bei gut funktionierenden Bürokratien.

Noch ist an der deutsch-polnischen Grenze keine Zwei-Länder-Einheit in Sicht. Laut Grenzabkommen darf die Fähre nur von April bis Oktober betrieben werden, sagte der Beamte. Er hoffe zwar auf eine Verlängerung der Saison, das aber wird schwierig, denn da müssten erneut zahlreiche Behörden einwilligen, u. a. die Bundespolizei und der polnische Grenzschutz. – In diesem Jahr jedenfalls, gemeint war 2021, wird die Fähre nicht mehr fahren. Der Grund ist ein ganz banaler: Den Polen, die die Fähre betreiben, fehlt ein Kapitän!

Obwohl die Fähre seit 2007 schon hunderte Male problemlos die Seiten gewechselt hat, tauchen immer neue Hindernisse auf.

Ach Liebster, könntest du schwimmen
So schwimm doch herüber zu mir!
Drei Kerzen will ich anzünden.
und die soll'n leuchten bei dir.

Information:
Fährzeiten und -preise unter Tel.: 033456/39 960, www.barnim-oderbruch.de

---

HÄUSER IM LOS-TOPF

Das gibt es nirgendwo sonst in der Welt. Weder in Timbuktu, noch in Nepal oder in Bayern. Da schon gar nicht. Gemeint sind die Loose-Häuser im Oderbruch. Einsam stehende Bauerngehöfte inmitten blühender Felder. Weitab vom Dorf. Meist gehört ein Wirtschaftshof zum Ensemble, ein Stall und eine Scheune. Auch einen Nutzgarten gibt es, denn sie sind Selbstversorger, die Looser. Der zum Hof führende Weg ist in der Regel mit Bäumen bestanden.

Diese besondere Form ist der Tatsache geschuldet, dass immer neues Nutzland durch die Trockenlegung des Oderbruchs entstand. Bald hatten viele Besitzer mehr Wiesen und Äcker, als sie bewirtschaften konnten. Also wurde verkauft und vererbt, Flächen kamen hinzu, andere gingen verloren. Das Ergebnis war ein landwirtschaftlicher Flickenteppich. Der Besitz lag plötzlich weit verstreut, wurde durch lange Wege unproduktiv. Da half nur noch eine Flurbereinigung.

Also wurden die »überschüssigen« Wiesen und Äcker qualitativ neu bewertet, in einen Topf geworfen und unter interessierten Bauern »verlost«. So entstand der Name »Loose«. Und die Bauern, die gewonnen hatten, siedelten sich abseits der Dörfer an, direkt auf ihrem neuen, eigenen Looser-Land.

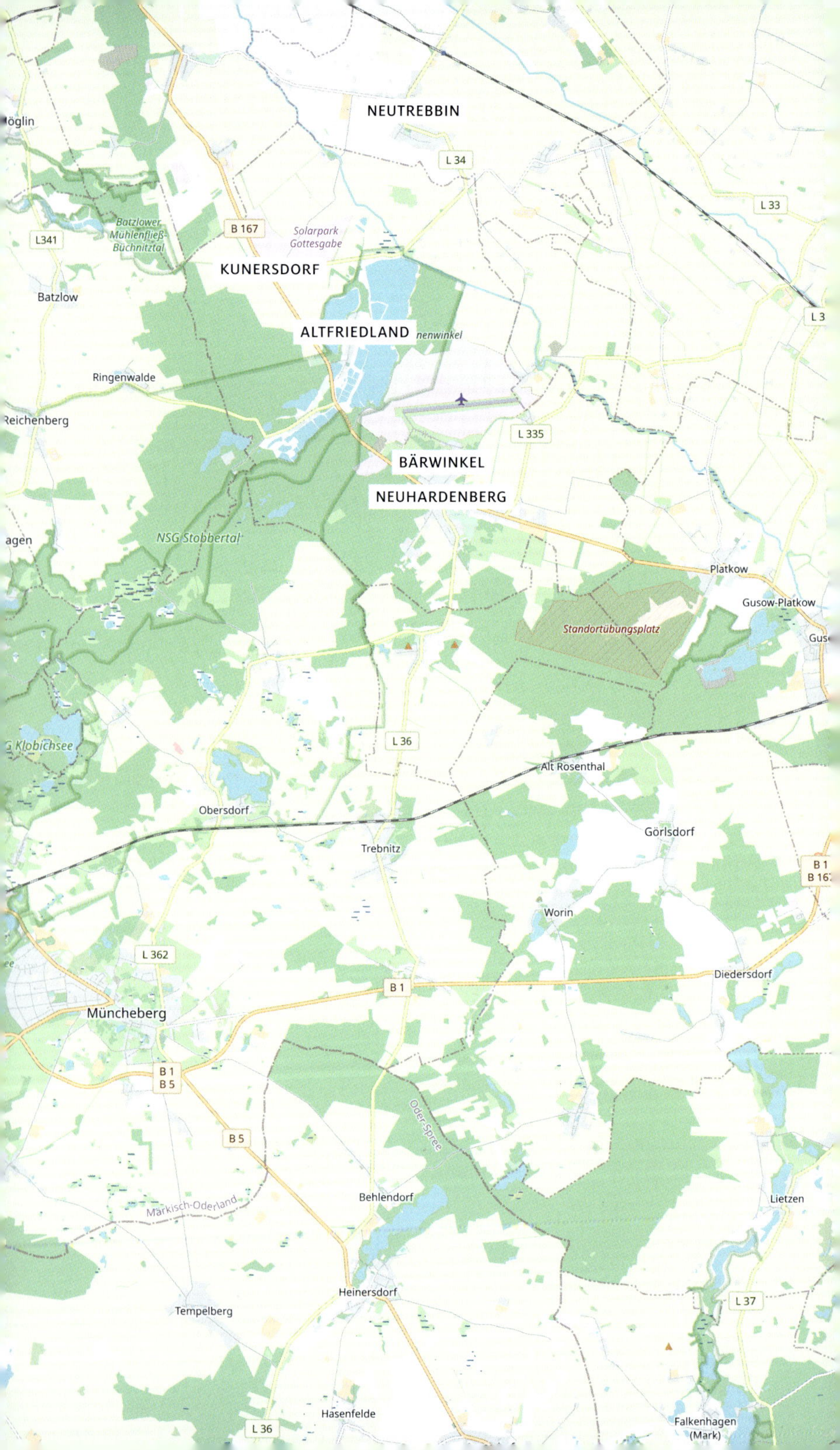

NEUTREBBIN
L 34
L 33
Öglin
Batzlower
Mühlenfließ-
Buchnitztal
L341
B 167
Solarpark
Gottesgabe
KUNERSDORF
Batzlow
L 3
ALTFRIEDLAND
nenwinkel
Ringenwalde
Reichenberg
L 335
BÄRWINKEL
NEUHARDENBERG
agen
NSG Stobbertal
Platkow
Gusow-Platkow
Standortübungsplatz
Gus
G Klobichsee
L 36
Alt Rosenthal
Obersdorf
Görlsdorf
Trebnitz
B 1
B 16
Worin
L 362
Diedersdorf
B 1
Müncheberg
B 1
B 5
Oder-Spree
B 5
Behlendorf
Lietzen
Märkisch-Oderland
Heinersdorf
L 37
Tempelberg
Hasenfelde
L 36
Falkenhagen
(Mark)

Der 4. Tag

Naja, um noch einmal auf die Königskinder zu kommen, die entscheidende Frage ist doch, ob die Deutschen und die Polen überhaupt neugierig aufeinander sind. Wenn sie es sind, wird alles gut. Wenn nicht, freuen wir uns einfach über die Tatsache, dass am 17. Juni 1991 der damalige Bundeskanzler Helmut Kohl und sein polnischer Amtskollege Jan Bielecki einen Vertrag unterschrieben, in dem sich beide Seiten entschlossen zeigten, »die leidvollen Kapitel der Vergangenheit abzuschließen«. Die Speisewirtschaft Rusche (mit Beherbergungsbetrieb) in Güstebieser Loose erwies sich am Ende des dritten Tages als genau das richtige Etablissement, um einem erschöpften Menschen verbrauchte Kräfte zurückzugeben. Während die Oder still in Richtung Stettiner Haff floss, glitten die Gedanken in einen tiefen Schlaf. Morgen wird es vornehm, Schloss Neuhardenberg steht auf dem Programm. Wir besuchen das feine Viertel des Oderbruchs. Los geht es mit Kunersdorf und Altfriedland. Also … Bis morgen!

Kunersdorf und Altfriedland

Es sind die Toten, die Kunersdorf so lebendig machen. Helene Charlotte von Lestwitz lebte hier. Die junge Dame aus der zweiten Hälfte des 18. Jahrhunderts war ein streitbarer Geist, »ein Charakter durch und durch«, wie Fontane schrieb. Die emanzipierte Frau fiel in Preußen durch ihre spektakuläre Scheidung auf. Ihr Mann Adrian Heinrich Graf von Borcke war Außerordentlicher Gesandter Preußens am kurfürstlichen Hof in Dresden. Nach einem knappen Jahr in der Residenz zog sich Helene Charlotte, schwanger und enttäuscht von Ehe und Ehemann, in den elterlichen Haushalt zurück. Mit 17 Jahren brachte sie ihre Tochter Henriette zur Welt und beantragte die Scheidung. Sie hatte einfach keine Lust mehr, sich von ihrem Gatten auf der Nase herumtanzen zu lassen. Um alle Erinnerung an den Frauenhelden zu tilgen, legte sie sich sogar einen neuen Namen zu.

Sie hieß nun mit königlicher Genehmigung Frau von Friedland. »Seine Majestät der König haben der einzigen hinterlassenen Tochter des Generalmajors von Lestwitz mittels eines Konzessionsdiploms allergnädigst erlaubt, sich nach dem geerbten Amt Friedland künftig Helene Charlotte von Friedland zu nennen – ihre Tochter Henriette Charlotte von Friedland – und das Wappen der Lestwitz zu führen.«

Farbenpracht am Wegesrand: Ist das Natur oder wurde nachgeholfen?

Der Namensspender Friedland ist heute ein 200-Seelen-Dorf. Es liegt abseits der Straße auf einer engen Landzunge zwischen dem Kietz- und dem Klostersee. Der kleine Ort, um 1230 als Zisterzienser-Nonnenkloster gegründet, ragt wie ein steinernes Gebet aus der Teich- und Seenlandschaft empor. Die Leute hier leben vom Fischfang. Das einst klösterliche Handwerk blickt auf eine über 700-jährige Tradition zurück. Allein der Fischertrag der Teiche, so schrieb Theodor Fontane, hätte für die Nonnen auch dann gereicht, wenn »das ganze Jahr aus Fasttagen bestanden hätte«.

Die Geschichte des Klosters wäre nicht vollständig erzählt, würden wir unerwähnt lassen, dass die fromme Gemeinschaft es zu einigem Wohlstand gebracht hatte. Dem Kloster gehörten neben Friedland weitere neun Dörfer und 21 Einzelgüter an. Und es kam, wie es kommen musste, der gefällige Wohlstand untergrub die Moral. Die Nonnen nahmen es mit der Hingabe zu Gott nicht mehr ganz so genau. Übermütig lebten sie in den Tag, empfingen nette Freundschaften und vergaßen sogar das Keuschheitsgelübde. Viele von ihnen entstammten besten Kreisen. Es war zu der Zeit nichts Ungewöhnliches, dass Adelsfamilien ihre schwer zu verheiratenden Töchter in die Zucht und Obhut eines Klosters gaben.

Natürlich war es nur eine Frage der Zeit, bis der »Sittenverfall« dem Bischof zu Ohren kam. Dietrich von Brandenburg sah sich genötigt, dem lebenslustigen Treiben der Nonnen ein Ende zu setzen. Er erließ eine Reihe einschneidender

Klosterkirche Altfriedland: Der bedeutendste Klosterbau der Region.

Verbote und drohte mit Kirchenbann. Von nun an durften die Nonnen keinen Besuch von außerhalb mehr empfangen. Auch wurde es ihnen untersagt, eine private Dienerschaft zu halten. Und, was das Schlimmste war, ihnen wurde strikt verboten, Kuchen zu backen!

Nach der Reformation wurde das Kloster Altfriedland säkularisiert, vom einstigen Reichtum blieben nur klägliche Ruinen. Einzig die Kirche, ein langgestreckter, rechteckiger Feldsteinbau, der nach der Säkularisierung lange Zeit als Speicher diente, versieht noch mit Würde seinen Dienst. 1957 umfassend restauriert, gilt die barocke Kanzel als besonders erwähnenswert. Das viel bewunderte Deckengemälde, ein Sternen-Wolkenhimmel, wurde erst später eingezogen. Sehenswert ist auch das Pfarrhaus gegenüber der Kirche. Der Lehmfachwerkbau aus dem Jahre 1633 gilt als ältestes Pastorenhaus Ostbrandenburgs.

Doch was sind schon die paar hundert Jahre, gemessen am Alter der Napoleon-Eiche, die am Rand des Ortes steht. Über 500 Jahre alt ist der Baum, 30 Meter hoch und fast neun Meter dick. Napoleon soll unter diesem Baum gesessen und übers Leben nachgedacht haben. Das war 1812 gewesen. Gerade hatte der Korse den Russlandfeldzug verloren. Nun war er auf der Flucht. Wer weiß, vielleicht traf gerade hier, unter dieser gewaltigen Eiche, den Unsterblichen ein erstes Mal der Gedanke an die eigene Sterblichkeit.

Und natürlich hat Altfriedland, wie jeder Ort, der etwas auf sich hält, einen

Mekka für Vogelfreunde: »Europäisches Vogelschutzgebiet« Altfriedland.

berühmten internationalen Flughafen. Nicht Boing-, Airbus- oder Antonow-Vögel starten und landen hier. Graugänse, Stockenten, Tafel- und Reiherenten, Eisvögel, Silbermöwen, selbst Fisch- und Seeadler haben in diesem großen »Europäischen Vogelschutzgebiet« ihr Brutrevier. Aus ganz Europa kommen Naturfreunde, um sich das Paradies aus der Nähe anzusehen. Der Vogel-Voyeurismus hat im Frühjahr und im Herbst seinen Höhepunkt.

Allein die Fischzucht hat als Konstante die Brüche der Jahrhunderte überstanden. Die Teiche sicherten den Menschen Arbeit und Leben. Noch heute werden im Hofladen der Fischerei Altfriedland diverse Spezialitäten aus den bewirtschafteten Teichen angeboten.

Und hier endlich erfüllt sich auch des Anglers Traum: Altfriedland garantiert allen, die dafür zahlen, Angelglück bei Karpfen, Hecht, Blei, Plötze, Zander, Stör, Aal und Schleie. Es gibt – außer beim Karpfen (da sind nur zwei Exemplare erlaubt) – keine Fangbegrenzung. Im Morgengrauen sieht man die Freizeit-Angler hoffnungsfroh an die Teiche ziehen. Ihre ganze Leidenschaft gilt nur einem Ziel: Fische überlisten. Dazu haben sie sich mit diversen Ruten bewaffnet, mit Keschern, Blinkern, Schnüren und Posen, mit elektrischen Bißanzeigern und allerlei EDV. Wie ein Relikt aus längst vergangener Zeit wirkt da die zerbeulte Dose mit den frischen Regenwürmern. Auf einen Haken gezogen ist der Lumbricus terrestris auch heute noch ein Leckerbissen für jedes Fischmaul.

Himmels-Schauspiel: Sonnenstrahlen durchbrechen die Wolken.

Mit 15 Euro am Tag bzw. pro Nacht ist man dabei. Ohne Fischereischein! Beim Tagesangeln darf man von 7.00 bis 16.00 Uhr sein Glück versuchen, das Nachtangeln geht von 18.00 bis 7.00 Uhr. Sogar Zelten an den Teichen ist erlaubt. Die Jahreskarte für das Angeln am Tag kostet 250 Euro, die für Tag- und Nachtangeln (sie gilt von März bis Dezember) 500 Euro. Das ist wenig Geld für so ein großes Stück Glück.

Doch zurück zu Frau von Friedland, da ist noch eine Menge zu erzählen.

Es war die Leidenschaft, die Helene Charlotte von Friedland berühmt machte. Nicht die für Männer, ihre ganze Hingabe galt der Land- und Forstwirtschaft. Sie leitete allein sechs große landwirtschaftliche Einheiten zwischen Altfriedland und Kunersdorf. Außerdem begann sie Anfang des 19. Jahrhunderts damit, die kahlen Höhenzüge zwischen Bollersdorf und Pritzhagen aufzuforsten.

Der bekannte Agrarreformer Daniel Albrecht Thaer, Begründer des wissenschaftlichen Landbaus, der auf Bitte des Fürsten von Hardenberg aus dem norddeutschen Celle ins brandenburgische Dorf Möglin zog, war so begeistert von Frau von Friedland, dass er der Dame sein grundlegendes Werk über die englische Landwirtschaft widmete.

Mit Vergnügen schilderte er einmal, wie Helene Charlotte reitend ihre Gäste begrüßte, dann in den Wagen sprang, um fortan von einem Ort zum anderen zu fahren. Thaer schrieb in sein Tagebuch: »Heute von morgens sechs Uhr an, bis

Entdeckungen: Häuser die Geschichten erzählen könnten.

jetzt, abends zehn Uhr, hat sie uns nicht fünf Minuten in Ruhe gelassen … Sie kennt jeden kleinen Gartenfleck, jeden Baum, jedes Pferd, jede Kuh und bemerkt jeden kleinen Fehler, der in der Bestellung vorgefallen ist.«

Frau von Friedland hatte große Freude daran, ihre Güter zu einer Musterwirtschaft nach englischem Vorbild zu machen. Von Kunersdorf gingen wichtige Impulse ins preußische Land. Die Pflanzenzucht, die Aufforstungen und die Versuche mit unbekannten Getreidearten erregten breites Interesse weit über Kunersdorf hinaus. Thaer war fasziniert von dieser ungewöhnlichen Frau, die auch das Kartenspiel sehr liebte. Sogar Spielschulden wurden ihr nachgesagt.

Auch für August Ludwig von der Marwitz, der in Friedersdorf sein Anwesen hatte, war sie ein Phänomen. Man erzählte sich die unmöglichsten Dinge über sie. Aber von der Marwitz, ganz Kavalier, verteidigte Frau von Friedland, wo er nur konnte: »Das meiste in der Landwirtschaft – ungefähr alles, was ich nicht schon aus der Kindheit wußte und nachher aus der Erfahrung erwarb – habe ich von einer sehr merkwürdigen Frau in unserer Nachbarschaft gelernt, von einer Frau von Friedland. Als ich sie kennenlernte (1802), war sie ungefähr zwölf Jahre im Besitz der Güter und führte alles mit beispielloser Ausdauer und Umsicht. Es waren sechs große Wirtschaften, die sie selbst leitete; Unterbeamte hatte sie keine andern als Bauern, die sie selbst dazu gebildet hatte. Nicht nur war der Ackerbau im blühendsten Zustande, sondern sie hatte ihre Wälder aus

Säulenkolonnade: Das Grabmal der Besitzer von Kunersdorf ist sehenswert.

sumpfigen Niederungen auf bisher öde Berge versetzt, diese Niederungen aber in Wiesen verwandelt, und so in allen Stücken. Ein solches Phänomen war natürlicherweise weit und breit verschrien. Man sagte, sie ritte auf den Feldern umher (das war wahr) und hätte beständig die Peitsche in der Hand, womit sie die Bauern zur Arbeit triebe – das war erlogen. Ich fand im Gegenteil eine wahre Mutter ihrer Untergebenen in ihr. Wo sie sich sehen ließ, und das war den ganzen Tag bald hier, bald dort, redete sie freundlich mit ihnen, und den Leuten leuchtete die Freude aus den Augen.«

Helene Charlotte von Friedland starb, wie sie gelebt hatte: voller Energie. Als sie beim Löschen eines Brandes im kleinen Ort Wuschewier half, zog sie sich eine Lungenentzündung zu. Das war ihr Ende. Sie starb 1803 mit gerade einmal 48 Jahren. In der Familiengruft derer von Lestwitz, Itzenplitz und Oppen in Kunersdorf liegt sie begraben. »Gott ist in der Natur« steht auf ihren Grabstein.

Die Säulenkolonnade, in der sich unter durchlaufendem Gesims neun rundbogige Nischen befinden, ist heute die große Sehenswürdigkeit am Ort Kunersdorf. In den Nischen, gerahmt von dorischen Säulenpaaren, stehen die mit Reliefporträts versehenen Gedenksteine der Verstorbenen. Die Künstler Daniel Rauch, Gottfried Schadow und Christian Friedrich Tieck werden als Baumeister der Begräbnisstätte genannt. Das Denkmal für Frau von Friedland trägt viel allegorischen Schmuck mit Motiven aus der Landwirtschaft. Das schöne Bildrelief

Dorfkirche in Kunersdorf: Sie war der erste Kirchenbau der DDR.

von ihr schuf der Schweizer Bildhauer Heinrich Keller. Die Säulenkolonnade ist insgesamt von stiller, würdiger Schönheit.

Nach dem Tod ihrer Mutter übernahm Tochter Henriette Charlotte das Gut und die Landwirtschaft. Die 31-jährige, mit Graf Peter Alexander von Itzenplitz verheiratet, sorgte dafür, dass das kleine Kunersdorf auch unter ihrer Leitung den Ruf eines »märkischen Musenhofes« erfolgreich verteidigte. Mit Intelligenz und natürlichem Charme »spielte« Gräfin Itzenplitz die Gastgeberin eines weltoffenen Hauses, in dem sich der aufgeklärte preußische Adel mit jenem Teil des Bürgertums traf, der die Politik reformieren wollte, nach Reformen in Wirtschaft, Wissenschaft und Kunst rief.

Neben Albrecht Thaer gehörten die beiden Humboldts zu den Stammgästen. Auch Staatskanzler Fürst von Hardenberg verkehrte in Kunersdorf, Karl Reichsherr vom und zum Stein, der Jurist Friedrich Carl von Savigny, die Künstler Daniel Rauch, Gottfried Schadow und Christian Friedrich Tieck, der Geologe Leopold von Buch, der Historiker Leopold von Ranke, der Mediziner Johann Christian Reil von der Berliner Universität, Karl Friedrich von dem Knesebeck, der Chemiker Martin Heinrich Klaproth, der Philologe Becker, die Reihe berühmter Namen ließe sich mühelos fortsetzen.

Auch der junge Dichter Adelbert von Chamisso gehörte zu den Berühmtheiten der Kunersdorfer Gesellschaft. Er botanisierte im Oderbruch und schrieb

Chamisso: Seit 2019 erinnert ein Museum in Kunersdorf an den Dichter.

1813 in Buckow und Kunersdorf die Novelle »Peter Schlemihls wundersame Geschichte«. Ein Mann verkauft einem Herrn in Grau seinen Schatten. Er erhält dafür einen Beutel, in dem nie das Gold ausgeht. Egal, wie viel er entnimmt. So weit, so gut. Interessant wird der Handel erst, als der graue Herr, der Teufel, ihm den Schatten um den Preis seiner Seele zurückkaufen will. Was nun? Was tun? – Mehr wird nicht verraten. Peter Schlemihls Geschichte wurde ein richtiger Bestseller.

Seit 2019 erinnert ein interessantes Chamisso-Museum in der Kunersdorfer Villa an den Dichter und Naturforscher, der zeit seines Lebens ein Weltreisender war. 1815 nahm er an einer russischen Weltumseglung teil.

»Ich bin Franzose in Deutschland und Deutscher in Frankreich, Katholik bei den Protestanten, Protestant bei den Katholiken … Ich habe nichts, wohin ich gehöre, ich bin überall fremd«, schrieb der ruhelose Chamisso in einem Brief an Germaine de Staël. Nun hat sich der Förderverein Kunersdorfer Musenhof e. V. seiner angenommen. Mit Lesungen, Vorträgen und Konzerten knüpft der Oderbruch-Ort an die große Tradition des Musenhofes an.

Die Villa, ein kulturhistorisches Kleinod, dass das untergegangene Schloss ersetzt, ist umgeben von einem 9 000 Quadratmeter großen Garten, der mit seinem Baumbestand und mit zahlreichen Kunstwerken von Brandenburger und Berliner Bildhauern den Tag zum Vergnügen werden lässt.

Kunersdorf: Zahlreiche Kunstwerke stehen in dem 9000 m² großen Park.

Alte Bäume und ein schöner, vermutlich künstlich angelegter Teich schmücken den Park. Am Ufer des kleinen Gewässers steht ein ungewöhnliches Denkmal. Auf einem Betonsockel liegt ein bronzefarbenes Kissen, auf dem wir einen großen rötlich-grünen Apfel sehen und eine goldene glänzende Kugel. Das Denkmal ist eine Hommage an die Frauen von Friedland. Der Apfel steht für ihr fruchtbares Wirken, die goldene Kugel lässt die Frage nach dem Wert der Dinge zu. Das kluge Denk-Mal stammt von der Bildhauerin Erika Stürmer-Alex aus Wriezen.

Ein Wort noch zu der ungewöhnlichen Dorfkirche in neogotischem Backsteinstil. Der Rundbau mit Kuppel steht in unmittelbarer Nähe des Musenhofes und ersetzte den barocken Vorgänger. Die Kirche, zwischen 1951 und 1955 erbaut, war der erste Kirchenbau in der DDR.

Sehenswertes:

Chamisso-Museum Kunersdorf, Dorfstraße 1, 16269 Bliesdorf, OT Kunersdorf, Tel.: 033456/15 12 27, www.kunersdorfer-musenhof.de, www.chamisso-museum.de, geöffnet März bis Ende Okt. Sa, So und an Feiertage 11–17 Uhr;

Fischerei Altfriedland Stefan Timm, OT Altfriedland, Fischerstraße 1, 15320 Neuhardenberg, Tel.: 033476/12 48 66 oder 0152/527 58 441.

Neuhardenberg

1348 unter dem Namen Quilitz erstmals urkundlich erwähnt, gab Fürst von Hardenberg 1810 dem Dorf seinen Namen: Neu-Hardenberg. Am 1. Mai 1949 wurde Neu-Hardenberg auf Beschluss der Gemeindevertretung in Marxwalde umbenannt. Zu Ehren von Karl Marx. Kaum vereint mit dem großen Rest Deutschlands, wurde Marxwalde am 1. Januar 1991 mit seinem alten Namen »Neuhardenberg« entschädigt. Allerdings ohne Bindestrich.

So hell, so elegant und heiter muss sich Karl Friedrich Schinkel den Gartensaal im Geiste vorgestellt haben. Die Wände in Weiß und hellem, zarten Blau geben den kostbaren Stuckaturen – Medaillons, Instrumentendarstellungen und Trophäen – alle Chancen, Wirkung zu zeigen. Der Raum hat einen exquisiten, teilweise noch originalen Holzfußboden. Von der Decke hängen zwei prächtige Kronleuchter. Links und rechts der Eingangstür stehen Öfen, die Kunstwerke sind. Das fein abgestimmte Raum-Ensemble ist unnahbar und nah zugleich.

Durch breite Flügeltüren holt sich der Gartensaal den Park ins Schloss. Vergnügt »wandert das Auge« über weite Rasenflächen, durch alten Baumbestand und fällt auf einen Teich, in dem sich das aus weißem Marmor geschlagene Denkmal für Friedrich II. spiegelt. 1792 errichtet, ist es das älteste in Deutschland, das den König ehrt.

Kirche Neuhardenberg: Karl Friedrich Schinkel entwarf ein Meisterwerk.

Außenansicht des Gartensaals: Flügeltüren öffnen den Blick nach außen.

Vom Gartensaal aus erkennt man in Umrissen ein Gebäude, das Schinkel ebenfalls entworfen hat, das »Bleichhaus«. Zwei Spülbecken befanden sich einst in dem Funktionsbau, die hinteren Räume dienten als Wäscherei. In späteren Jahren wurde das Haus als Eiskeller benutzt. Kein Schlossführer lässt es sich nehmen, darauf hinzuweisen, dass die Hardenbergs einen Kühlschrank von Schinkel hatten und keinen von Bosch.

Am Rande des Oderbruchs gelegen, ist Neuhardenberg ein denkmalgeschütztes Dorf mit Schloss, Orangerie, Landschaftspark, Dorfanger, Kavaliershäusern und Kirche. Das Anwesen gehörte, als es noch Quilitz hieß, Bernhard von Prittwitz. Der hatte es 1763 von Friedrich dem Großen geschenkt bekommen. Prittwitz war jener General, der den König am 12. August 1759 in der Schlacht von Kunersdorf bei Frankfurt/Oder, dem heutigen Kunowice, vor einer drohenden Gefangenschaft bewahrt hatte.

»Alles flieht, und ich bin nicht mehr Herr meiner Leute«, schrieb Friedrich II. in sein Tagebuch. »Das ist ein grausames Missgeschick, ich werde es nicht überleben ...« Zwei Pferde waren ihm während der Schlacht unter dem Leib weggeschossen worden, eine feindliche Kugel prallte an seiner Tabaksdose ab. Er überlebte. Und gedachte froh und dankbar seines Generals.

Im Jahre 1810 zog der älteste Sohn des Generals von Prittwitz nach Oberschlesien, und verkaufte das Schloss Neuhardenberg für 303 715 Reichstaler an

Schloss Neuhardenberg: »klassizistisches Palais städtischer Prägung«.

Friedrich Wilhelm III. Der gab es postwendend an Karl August Fürst von Hardenberg weiter. An den Mann, der das höchste preußische Amt im Staat übernommen hatte. Der Fürst erhielt das Schloss in Würdigung seiner großen Verdienste um die Rettung der preußischen Monarchie.

Da ihm das Schloss ein wenig zu klein geraten schien, beauftragte Hardenberg Karl Friedrich Schinkel, es umzubauen. Dem Haus wurde ein Obergeschoß aufgesetzt, auch die Fassaden bekamen ein eher schlichtes Gesicht. 1820 war aus dem Schloss ein »klassizistisches Palais städtischer Prägung« geworden. Ein Jahr später gestaltete Peter Joseph Lenné den Park nach englischem Vorbild, sein Helfer war der berühmte Hermann von Pückler, der Schwiegersohn des Fürsten. Seine Gärten in Bad Muskau und Branitz hatten ihn über die Grenzen Preußens hinaus bekannt gemacht.

Fürst Hardenberg, seit 1814 preußischer Staatskanzler, erwies sich – politisch gesehen – diesem hohen Amt gewachsen. Die von ihm eingeleiteten Reformen kamen einer Revolution »von oben« gleich, er baute Standesschranken ab, schuf Gewerbefreiheit, ermöglichte die Selbstverwaltung der Gemeinden und läutete das Ende des Feudalismus ein.

So stark und redlich Fürst Hardenberg als Politiker handelte, so schwach wurde er, sobald er einen Rock auch nur von Ferne sah. General von der Marwitz, sein politischer Widersacher, warf ihm empört vor, »ein Leben lang mit

Der Schlosspark ist ein Kleinod: Das Friedrichsdenkmal von 1792.

den Weibern unredlich« umgegangen zu sein und neben seiner Ehefrau »noch zehn andere ... frequentiert« zu haben. Genau dieser Umstand kam dem Staat teuer zu stehen. Als Hardenberg in das höchste politische Amt Preußens aufstieg, verzichtete er klug auf jedes Gehalt. Bescheiden bat er darum, die Staatskasse möge lediglich für seine persönlichen Ausgaben aufkommen. Was auch geschah. Es wurde ein Minusgeschäft für die Finanzen in Preußen! Denn die Damen, mit denen Hardenberg verkehrte, verstanden meisterhaft, die Kunst der »sanften Plünderung«.

1822 starb Fürst von Hardenberg in Genua. Er wurde in der Schinkel-Kirche zu Neu-Hardenberg bestattet. Das Herz des preußischen Regierungschefs wird in der Rückwand des Altars aufbewahrt. Wie versteinert liegt die mumifizierte Reliquie unter einer Glasglocke.

Ruhe zog ein in dem Schloss. Erst im 20. Jahrhundert geriet es wieder in die Schlagzeilen. Carl-Hans Graf von Hardenberg, ein Nachfahre von Karl August, war aktiv am Widerstand der Offiziere des »20. Juli 1944« beteiligt. Er stellte u. a. sein Schloss den Verschwörern um Graf Stauffenberg zur Verfügung.

Vier Tage nach dem gescheiterten Attentat auf Hitler erschien die Gestapo im Schloss, um den Grafen zu verhaften. Drei Männer traten ein und fragten: »Sind Sie Graf Hardenberg in Neu-Hardenberg?« Als Carl-Hans mit »Ja!« antwortete, erklärten sie: »Dann sind wir gezwungen, Sie zu verhaften.«

Göttliche Unterstützung: Friedrich mit Gott Mars und Göttin Minerva.

Hardenberg erhob sich und erklärte, er wolle sich nur rasch von seiner Familie verabschieden, dann stände er den Herren zur Verfügung. Er umarmte seine Frau, küsste ihr die Hand und ging in die Bibliothek. Dort zog er den Revolver, den er immer bei sich trug, und versuchte, sich zu erschießen. Der Selbstmord misslang. Schwer verletzt kam der Graf in das Konzentrationslager Sachsenhausen. Dort sollte er für den Prozess vor dem Volksgerichtshof gesund gepflegt werden. Vorher beschlagnahmten die Nazis noch den gesamten Besitz der Hardenbergs. Doch es kam nicht mehr zur Verhandlung. Der Vormarsch der Roten Armee war schneller.

Im Jahre 1946 wurde die Familie ein zweites Mal enteignet. Dieses Mal von den Russen. Die Rolle, die der Graf im Widerstand gegen Hitler gespielt hatte, wurde mit keinem Wort berücksichtigt. Nur kurze Zeit noch arbeitete Carl-Hans von Hardenberg als Berater der brandenburgischen Landesregierung, dann ging er in den Westen. Er starb 1958.

Anfang April 1945 ließ sich Generaloberst Bersarin, der Befehlshaber der 5. Stoßarmee und spätere Stadtkommandant von Berlin, in Neu-Hardenberg blicken. Er bewunderte das Schloss, inspizierte eine Feldküche, aß mit den Soldaten zu Mittag und verschwand wieder.

Ende 1945 wurden 1631 Einwohner in Neu-Hardenberg gezählt. Darunter viele Flüchtlinge. Durch Unterernährung und Seuchen starben bis zum 31. Dezember des Jahres über 220 Menschen.

Frühlingsbeginn: Uralte Bäume prägen das Gesicht des großen Parks.

Wasser überall: Kleine Kanäle durchziehen den Schlosspark.

Schon am 5. Juni 1945 hatten Fräulein Günther und Herr Ernst Tietze in der halbzerstörten Schule mit dem Schulunterricht begonnen. Langsam kehrte so etwas wie Alltag ins Dorf zurück. 1946 wurde der Landbesitz der Hardenbergs an Umsiedler verteilt, an Altbauern und landlose Arbeiter. Bei vielen Einheimischen gab es große Vorbehalte gegen die Art, wie der Graf behandelt wurde. Nur mit schlechtem Gewissen übernahm so mancher Dorfbewohner herrschaftlichen Boden. Die Hardenbergs könnten ja eines schönen Tages wiederkommen, hieß es hinter vorgehaltener Hand. Aber sie kamen nicht wieder.

Zu DDR Zeiten hörte man nicht viel von dem in Marxwalde umbenannten Ort. Das Schloss diente nach 1945 als Lazarett, Schule, Jugendklub und Trainingsstätte für Gewichtheber. Von 1978 bis 1988 wurde es unter erheblichem Aufwand restauriert, war Bildungs- und Arbeitsstätte der Kulturakademie des Bezirks Frankfurt/Oder.

Man wusste, dass es in Marxwalde einen großen Militär-Flugplatz gab, der der Volksarmee als Basis diente. Auch die DDR-Regierungsstaffel war postalisch und flugtechnisch in Marxwalde zu Hause. Niemand vom Dorf konnte sagen, wie viele Soldaten auf dem Fliegerhorst arbeiteten. Drei große Plattenbauten in der Nähe des Schlosses ließen allerdings Mutmaßungen zu.

Auch Sigmund Jähn lebte und arbeitete von 1960 bis 1978 in Marxwalde. Am 26. August 1978 guckte er sich als erster Deutscher im All »sein Dorf« sogar vom

Sie werden beobachtet: Schafe geben dem Grün die richtige Länge.

Weltraum aus an. Im Jahr 2007 wurde der bescheidene, sympathische Kosmonaut Ehrenbürger von Neuhardenberg. Ob ihm die gräfliche Familie zu der Ehre gratuliert hat, ist nicht bekannt. Wohl aber, dass nach der politischen Wende Friedrich Karl von Hardenberg beim Brandenburger »Landesamt zur Regelung offener Vermögensfragen« einen Antrag auf Restitution stellte. 1993 wurde Recht gesprochen, 1996 erhielt die Familie das Schloss und einen großen Teil der dazu gehörenden Ländereien zurück. Doch schon bald mussten die Hardenbergs schweren Herzens den Schlüssel zum Schloss wieder aus der Hand geben. Sie konnten das Anwesen nicht halten. Allein die Heizung verschlang jeden Monat 5 000 Mark.

Schließlich sprang der Großverwalter von Omas Spargroschen ein, der Deutsche Sparkassen- und Giroverband. Er übernahm 1997 das Areal. Ein Jahr später begannen die Restaurierungsarbeiten. Der Landschaftspark wurde neugestaltet, das Denkmal für Friedrich II. restauriert, die Plattenbauten vom Schlossgelände entfernt. Am 8. Mai 2002 erfolgte die feierliche Einweihung in Anwesenheit durch den damaligen Bundespräsidenten Johannes Rau. Das Ensemble gehört heute zu den wenigen noch erhaltenen Gesamtkunstwerken des preußischen Klassizismus.

Neben dem Schloss gehört die von Schinkel entworfene Kirche ins Gesamtbild von Neuhardenberg. Nachdem ein Brand 1801 das Dorf Quilitz in Schutt und

Asche gelegt hatte, wurde ein neues Gotteshaus dringend gebraucht. Damals war das Bedürfnis nach einer Kirche noch groß.

Schinkel entwarf ein Meisterwerk und ließ es bauen. 1817 wurde es geweiht. In einem kleinen Mausoleum an der Ostwand wurde 1822 Fürst von Hardenberg beigesetzt. Herzlos! Sein Herz ruht, wie schon erwähnt, im Kirchenaltar.

Seit 1817 hängt die Decke der Kirche voller Sterne. Das hat sich der Romantiker Karl Friedrich Schinkel einfallen lassen. Genau 3582 sind es. Sterne verschiedenster Größe und Leuchtkraft. Sie machen aus der Kirchen-Decke ein Himmelszelt. Man erzählt sich, die »Zauberflöte« hätte Schinkel zu dieser Ausmalung inspiriert.

Das ist nur eine Vermutung, aber vieles spricht dafür. Immerhin hatte Schinkel eine große Leidenschaft fürs Theater. Er entwarf sämtliche zwölf Bühnenbilder für die »Zauberflöte«, darunter die berühmte Sternenhalle im Palast der Königin der Nacht. Die »Zauberflöte« war am 18. Januar 1816 die erste Inszenierung des Grafen Brühl, unter dessen Intendanz das Berliner Theater eine Blütezeit erlebte. Schinkel hatte mit seinen Bühnenbildern einen großen Anteil daran.

2001 wurden sämtliche Sterne, die am Kirchen-Himmel standen, verkauft. Zwischen 150 und 3000 Mark kostete das Stück. Es dauerte gar nicht lange, und der Kirchenhimmel war leergefegt! Die Sterne gehören von nun an irdischen Besitzern. Und alle freuten sich himmlisch. Denn das Geld floss in den Fonds für die notwendige Sanierung. Der Verkauf war rein symbolisch, Patenschaften wurden vergeben. Und diese bestehen bis heute.

Sehenswertes:

Schloss Neuhardenberg, Schinkelplatz 1–8, 15320 Neuhardenberg, Service und Information unter Tel.: 033476 600 0, www.schlossneuhardenberg.de. Es gibt eine ständige sowie wechselnde Ausstellungen und auch Veranstaltungen im Schloss und in der Kirche; Schlossbesichtigung: Apr–Okt 11–18 Uhr; Ausstellungen: Apr–Okt 11–18 Uhr, Nov–Mrz Fr–So und Feiertage 11–18 Uhr; zum Schloss gehört neben einem Hotel auch eine Landgasthaus Brennerei.

Bärwinkel

Ursprünglich war Bärwinkel ein Vorwerk von Neuhardenberg. Ein ausgelagerter landwirtschaftlicher Betrieb, um den herum sich Menschen angesiedelt hatten. Niemand würde – Verzeihung – groß ein Wort über Bärwinkel verlieren, gäbe es da nicht ein ganz besonderes Gebäude, dessen Existenz sich bis nach Alaska herumgesprochen hat, dem Gästebuch nach zu urteilen.

Es handelt sich um ein Molkenhaus, einen landwirtschaftlichen Nutzbau in Form einer Basilika. Unverputzt und um 1801 aus Raseneisenstein erbaut. Dieses Naturprodukt enthält Eisen. Allerdings nur wenig, der Abbau lohnt sich nicht. Das Eisen oxidiert an der Luft, und lässt den Stein rot anlaufen.

Schon unter Zeitgenossen erregte der Bau großes Aufsehen. In seinem längst zum Standardwerk aufgestiegenen Buch »Das Oderbruch« betont Peter Fritz Mengel: »Besonders geglückt ist ... der Versuch, den Schinkel mit einem fast unbekannten Material, dem Raseneisenstein, auf dem Vorwerk Bärwinkel unternommen hat.«

Schinkel war gerade einmal 20 Jahre alt, als er das Molkenhaus plante. In seinen Überlegungen spielte sicherlich die Tatsache eine Rolle, dass es am Hof Mode geworden war, Milch zu trinken. Und so ist es kein Wunder, dass der Zweckbau auch einen »herrschaftlichen Salon« besaß, in dem sich der Guts-

Molkerei in Bärwinkel: Erbaut von Schinkel aus Raseneisenstein.

Detailansicht: An der Luft oxidiert das Eisen, der Stein läuft rötlich an.

herr mit seinen Gästen traf. Es wurde der weite Blick übers Land gelobt und mit Molke und Milch angestoßen.

Friedrich Schinkel ließ auch Jahre später keinen Zweifel daran, dass er die Milch-Basilika für eines seiner Meisterwerke hielt.

Seit Jahren bemüht sich der Förderverein Bärwinkel, dem genialen Werk des Baumeisters die alte Schönheit zurückzugeben. Man ist auf einem guten Weg.

Information:

Förderverein Bärwinkel e. V., Geschäftsstelle: Frank Augustin, Leibnizstr. 33, 10625 Berlin, Tel.: 030/443 581 26, www.foerderverein-baerwinkel.de, Besichtigungen nach Vereinbarung

Neutrebbin

Neutrebbin entstand 1755 als königliche Gründung auf der Trebbiner Feldmark, zwei Jahre später schon war der Ort vollständig aufgebaut und besiedelt. Es gilt als das größte Kolonistendorf im Oderbruch. Bereits 1765 zählte der Dorfvorstand 700 Einwohner.

Wer Neutrebbin sagt, muss auch Gänse sagen. Beides gehört zusammen. Das Federvieh hat den Bewohnern Arbeit und Wohlstand gebracht. Man sieht es dem Ort noch heute an. Auch die schönen Fachwerkhäuser in der Hauptstraße sind ein beredtes Zeugnis.

Bereits 1856 hatte man eine eigene Poststation. Neutrebbin war kein klassisches Bauerndorf mehr. In der ersten Hälfte des 19. Jahrhunderts bevölkerten zunehmend Handwerker, Kaufleute und Gewerbetreibende den Ort. Das hatte etwas mit der Eisenbahn zu tun, die auf ihrem Weg von Wriezen nach Frankfurt/Oder hier Station machte. Neutrebbin erhielt einen Bahnhof mit Güterabfertigung und zwei Häuser fürs Zugpersonal, das im Ort übernachtete.

Die Eisenbahn brachte Neutrebbin einen veritablen Aufschwung. Vor allem die Gänsemast gewann an Bedeutung. Seit Mitte des 19. Jahrhunderts wurde das Federvieh auf vielen Höfen als Nebenerwerb gehalten. Das, was als Hobby begann, brachte es um 1900 auf eine jährliche Gänsemastproduktion von bis zu 1,8

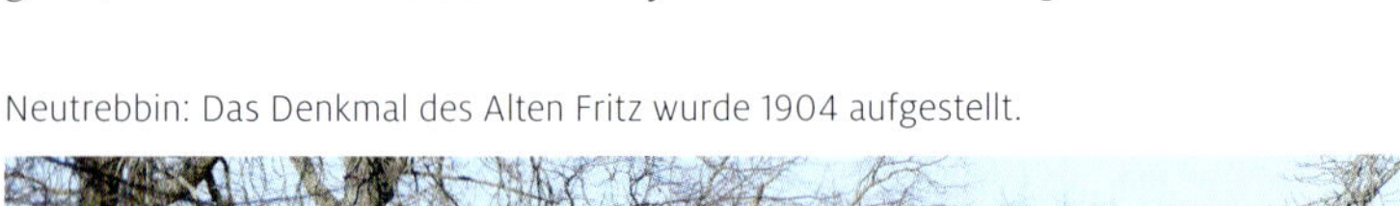

Neutrebbin: Das Denkmal des Alten Fritz wurde 1904 aufgestellt.

Millionen Tieren. Auch Unternehmen für die Bettfedernproduktion siedelten sich an.

Der Zweite Weltkrieg setzte all dem ein Ende. Neutrebbin wurde sehr stark zerstört. Als es so schien, dass man das Gröbste hinter sich habe, spielte 1947 plötzlich die Oder verrückt. Der Deich brach. Die Überflutung hier im niedrigsten Teil des Oderbruchs war verheerend.

Der ganze Stolz von Trebbin war ab 1904 das Denkmal für den Alten Fritz. Die Bürger wollten dem König Dank sagen, und bestellten sich bei dem Berliner Bildhauer Heinrich Wefing ein Denkmal. Es war nicht ganz so groß wie das in Letschin, aber die Bürger waren stolz und zufrieden. Und die Statue hatte gleich zweimal Glück. Sie überstand den Zweiten Weltkrieg ohne Schäden. Und als die Russen 1945 in Neutrebbin einmarschierten, soll der kommandierende Offizier im Angesicht des Denkmals gesagt haben: »Alter Mann mit Stock kann stehenbleiben!« Es waren nicht die Russen, die in einer Nacht-und-Nebel-Aktion im Mai 1952 den Alten Fritz mit Stahlseil und Traktor vom Sockel zerrten, um das königliche Symbol einschmelzen zu lassen. Es waren Mitglieder der SED.

Nach der Wende fanden sich geschichtsbewusste Bürger, die genug Spenden sammelten, nach alten Vorlagen suchten und bei dem Bildhauer Roland Rother einen Nach- bzw. Neuguß in Auftrag gaben.

Nur der Vollständigkeit halber: Neutrebbin wurde 1997 zum schönsten Dorf Brandenburgs gewählt.

Übernachten & Essen:

Gasthof und Pension »Zum Alten Fritz«, Altlewin 18, 15320 Neutrebbin, Tel.: 033452 418, www.gasthof-zum-alten-fritz.de

---

Nowy Błeszyn
Gozdowice
Stary Błeszyn
Kurzycko
Märkisch-Oderland
L 34
Kłosów
Odervorland Gieshof
Czelin
Polska
Deutschland
Neulewin
Neubarnim
GROSS NEUENDORF
L 336
Brandenburg
Porzecze
KIENITZ
WILHELMSAUE
L 33
LETSCHIN
L 334
Zechin
L 335
Buschdorf
L 37
L 33
Platkow
Gusow-Platkow
Golzow (Ode
Standortübungsplatz
Gusow
Neulangsow
Werbig
Alt Rosenthal
B 1
B 167
B 1
Görlsdorf
Seelow
B 167
Worin

Der 5. Tag

Es kann immer etwas Ungeahntes passieren, wenn man als König oder Dichter zum Denkmal wird. Stets geht die nachfolgende Generation kritisch mit den Altvorderen um. Wer heute ein großes Licht ist, darf morgen vielleicht nur noch funzeln! Nicht ohne Grund wurde der Dimm-Schalter erfunden. Selbst Größen wie der »Alte Fritz« oder der »olle Jöte« sind davor nicht gefeit. Auch am morgigen Tag werden wir wieder einen Friedrich auf dem Sockel erleben, der vor gut 75 Jahren von selbigem gezerrt worden war, um in dunkler Scheune auf eine helle Zukunft zu warten. Sie kam dann ja auch. Es lebe der König! Und so übernachten wir beruhigt und stilsicher im Gasthof »Zum Alten Fritz«. Er liegt mitten im Oderbruch. Zwischen Wriezen und Letschin. 6,5 Meter über dem Meeresspiegel. In tellerflacher Landschaft, ideal zum Fahrrad-Fahren und absolut wassersicher. Hoffentlich …

Letschin

Was ist Letschin eigentlich? Eine kleine Stadt? Ein großes Dorf? Steckt Letschin vielleicht im falschen Körper? Schon ein paar Mal stand diese Frage im Raum. Und man ließ sie einfach stehen.

Erinnert sei an das Jahr 1871, gerade hatte Letschin seine höchste Einwohnerzahl bis dato erreicht, 3610 Menschen lebten im Ort, und schon dachte man im Gemeinderat darüber nach, ob es nicht an der Zeit sei, das dörfliche Letschin gegen ein städtisches einzutauschen. Im letzten Moment wurde der Antrag kassiert. Die meisten Bauern waren dagegen.

1936 wurde die Idee erneut an die Öffentlichkeit gebracht. Aus Anlass des 600. Geburtstages von Letschin sollte das Dorf endlich zur Stadt werden.

Begründet wurde der Wunsch vom Gemeinderat mit der Tatsache, dass Letschin »als Landgemeinde mehr Einwohner (habe) als die Kreisstadt Seelow« und schon seit vielen Jahren »einen ganz städtischen Eindruck« mache.

Es klappte wieder nicht. Von höheren Steuern war plötzlich die Rede, die man als Stadt zu zahlen habe. Auch die Vorstellung, sich von alten Gewohnheiten trennen zu müssen, war nicht sonderlich städteförderlich. Alles blieb beim Alten.

Unberührt von diesem Hin und Her steht der Turm der Schinkelkirche fest in märkischer Erde. Aus 37 Metern Höhe schaut er auf Letschin herab. Ein wenig vereinsamt sieht er aus, so ganz ohne Kirche drum herum. Die hat ihm der

Am Wege nach Letschin: Das Haus ist Teil der Natur geworden.

Zweite Weltkrieg genommen. Karl Friedrich Schinkel hatte die Kirche mit Turm in märkischer Backsteingotik konzipiert. 1813 wurde sie erbaut, aus Kostengründen ohne Turm, der wurde ihr 1818/19 aufs Haupt gesetzt. Nun steht er da. Aus einem weiß gekalkten Sockel streckt sich der rote Backstein dem Oderbruch-Himmel entgegen. Eine kleine Ausstellung im Inneren zeigt ein Modell der Kirche. Der Turm, 2002/03 mit großem Aufwand restauriert, ist einfach nur schön. Er hat keine Funktion mehr, bis auf die, jeden Sonnabend um 18 Uhr zu läuten. In seiner Spitze trägt er drei Glocken. Immer wieder bleiben Bürger spontan stehen und hören die klingende Botschaft.

Unweit des Schinkelturms wird die Karl-Marx-Straße zur Friedrichstraße. In ihr reiht sich Geschäft an Geschäft, es gibt alles, was das Herz begehrt: Fleischerei, Eisdiele, Gemüseladen, Apotheke, Blumengeschäft und die Bäckerei Krummrow (seit 1901), die wie eh und je die besten Zuckerschnecken oderbruchweit produziert. Einer der jüngsten Läden ist der »Hahn im Glück«. In ihm wird Luxus zur Ware. Hier kauft der Begüterte seine vietnamesische Schokolade, dominikanischen Rum, seltene Weine, im »Hahn« gibt es erlesene Feinkost und Deliziöses aus aller Welt. Und – passend dazu – kleine Kunstwerke aus der Region.

Am Ende der Friedrichstraße, kurz bevor sie vom Kreisverkehr geschluckt wird, steht der Alte Fritz auf seinem Sockel, und empfängt die Gäste der Stadt. Wer Letschin besucht, kommt am König nicht vorbei.

Freundlich & kompetent: Edgar Petrick, Leiter der Heimatstube Letschin.

Die Bürger hatten sich ein Denkmal gewünscht. Mit liebevoller Respektlosigkeit nannten sie ihren König den »Ollen Fritz«. Also wurde Geld gesammelt, und als genug da war, bekam der Berliner Bildhauer Hans Weddo von Glümer den Auftrag, einen König in Bronze zu gießen.

Am 25. Juni 1905 weihte Prinz Heinrich von Preußen das Standbild feierlich ein. Die knapp drei Meter hohe Bronze (mit Sockel), 515 Kilogramm schwer, ist dem König gewidmet, weil er das wässrige Oderbruch hat trockenlegen lassen. Eine wahrhaft königliche Tat. Schnell wurde das Denkmal zur Visitenkarte des Ortes. Und es schien, als fühle sich der König auf seinem Sockel pudelwohl. Selbst die beiden Weltkriege überstand er ohne größere Blessuren. Er hatte nach 1945 lediglich ein Einschussloch unter dem Herzen, sein Zopf war derangiert und der Stock fehlte. Ansonsten ging es ihm gut.

Kurz nach Kriegsende wurde Preußen des Militarismus bezichtigt. Friedrich der Große saß als einer der Haupttäter auf der Anklagebank. Er wurde schuldig gesprochen und musste sein Denkmal räumen. Anfang Mai 1945 wurde das Urteil vollstreckt. An dem einen Ende des Seils stand der König, die Schlinge um den Hals, am anderen ein Ochse, der zog, und Friedrich fiel vom Sockel.

Die Bronze wurde auf einen Planwagen geladen und davongefahren. Sie sollte eingeschmolzen werden, kam jedoch nie im Hochofen an. Und genau hier beginnt die im Nachhinein so schöne Geschichte von der Rettung des Denk-

Spezialist für erlesene Feinkost: Der etwas andere Laden in Letschin.

mals durch die Bürger von Letschin. Es ist eine Geschichte aus Dichtung und Wahrheit, in der es viele Helden gibt. Und in der die Obrigkeit ordentlich an der Nase herumgeführt wird. Oder sollte man besser sagen, sie hat sich herumführen lassen?!

Die Gretchenfrage ist doch, wie es in einem Überwachungsstaat möglich war, das Denkmal eines Klassenfeindes, 515 Kilogramm schwer, so zu verstecken, dass die Staatsmacht es nicht finden konnte. So ein Bronzeteil schiebt man doch nicht einfach unters Bett.

1979 kam es in der DDR zu einer überraschenden politischen Wende. Über Nacht wurde Preußen wieder hoffähig. Und mit ihm der König. Stolz reitet er seither als Denkmal die Linden entlang. Und die »kriegslüsternen Preußen« wurden ein Kapitel im Geschichtsbuch des Arbeiter- und Bauernstaates. Nun tauchte auch das Denkmal in Letschin wieder auf. 35 Jahre lang hatte es beim Bauern Herbert Rie in der Scheune gestanden. Jeder im Ort wusste das und konnte sich sogar – bei Bedarf – den König leibhaftig anschauen. Da fragt man sich unwillkürlich, ob die staatlichen Häscher nicht auch heimliche Liebhaber des Königs gewesen waren? Ihn einfach nicht finden wollten! – Ist ja nur so eine Überlegung, sie soll den Mut der Letschiner Bürger keineswegs schmälern.

Am 31. Mai 1990 stand Friedrich II. wieder auf seinen Sockel. So, als wäre nichts geschehen. Unversehrt und in bester Gesundheit.

Es lebe der aufrechte Stand: Der freistehende Turm der Schinkelkirche.

Von hinten: Der alte Fritz steht seit 1990 wieder auf seinem Sockel.

Körperertüchtigung im Bruch: das Letschiner Schul- und Sportzentrum.

Nicht nur Friedrich, auch der märkische Wanderer Fontane hat in Letschin seinen Fingerabdruck hinterlassen. Es gibt eine Fontane-Apotheke, einen Fontane-Park, eine Fontanestraße, eine Büste des Autors, die Schule trägt seinen Namen und im »Haus Birkenweg«, in der Heimatstube des Dorfes, befindet sich ein Fontane-Zimmer mit historischen Möbeln, Lampen und Inventar. So in etwa könnte die gute Stube der Eltern des Schriftstellers ausgesehen haben, die von 1838 bis 1850 in Letschin lebten.

»Dieses Ultramarinblau, wie wir es hier an den Wänden sehen«, meint Edgar Petrick, der Leiter der Letschiner Heimatstuben, »war vor rund 200 Jahren sehr modern. Es konnten sich nur wohlsituierte Menschen leisten.«

Gern führt Edgar Petrick seine Gäste durch das kleine Heimatmuseum. Es ist ein altes Fachwerkhaus. 1838 als Lehrerwohnheim erbaut, wurde es einige Jahre später zum Armenhaus degradiert. 1990 entdeckte man, dass das Gebäude ein Original seiner Zeit war und keine größeren baulichen Veränderungen erfahren hatte. Grund genug, es auf die Kreisdenkmalliste zu setzen.

1994 zog die Heimatstube ein, 1999 zerstörte ein Brand das kleine Museum, der größte Teil der musealen Einrichtung konnte gerettet werden. Glück im Unglück!

Heute ist das vielbeachtete Heimatmuseum ein aktives Kultur-Zentrum, in dem Lesungen stattfinden, Künstler des Oderbruchs ihre Werke ausstellen, geistige Dispute ausgefochten werden. Und es gibt ein Archiv, in dem man (fast) alles zur Letschiner Dorfgeschichte findet, zu Handwerk und Gewerbe, zu Handel und Wandel. Für diese aktive Arbeit wurde das Heimatmuseum 2017 in den Rang eines Kulturerbe-Ortes erhoben.

»Wir haben hier auch schon Modenschauen bei den Fontanes durchgeführt«, sagt Edgar Petrick. »Und wir legen den Gästen, die wir durchs Haus führen, stets nahe, das ›Kurkeln‹ zu lernen. Diese Kunst zu beherrschen kann nicht verkehrt sein. Wer weiß, was das Leben noch so alles bringt. Unter Kurkeln versteht man das Herstellen von Holzschuhen, die so typisch sind fürs Oderbruchs.«

Essen & Trinken:
Letschiner Heimatstuben »Haus Birkenweg«, Letschiner Birkenweg 1, 15324 Letschin, Tel.: 033475/50 797, www.letschiner-heimatstuben.de;
Info-Punkt Letschin, Tel.: 033475/57 01 90, info-letschin@t-online.de;
Hahn im Glück, Weine und Delikatessen, Friedrichstraße 3, 15324 Letschin, www.hahn-im-glueck.com

---

MORD IN LETSCHIN

Sagen wir es unumwunden: Theodor Fontane war nicht sonderlich begeistert von Letschin. 1847 jedenfalls notierte er: »... Kirchdorf mit 3500 Seelen und Residenz zweier dort stationierter Gendarmen, hängt durch Vermittlung eines so genannten Rippenbrechers von Postwagen nur lose mit der zivilisierten Welt zusammen.« Für Fontane war die ganze Gegend ein »zweites Klein-Sibirien«.

In diesem rauen Land kaufte sich 1838 sein Vater eine Apotheke. Es war nicht die erste, die Louis Henry Fontane besaß, aber sicher eine der schönsten.

Das Haus, für Oderbruch-Verhältnisse stattlich, hatte einen schönen Giebel, und im roten Ziegeldach befanden sich drei kleine Mansarden. Durch acht große Fenster und die Ladentür guckte die Apotheke mit wachen Augen in die Welt. Neben der Tür stand eine kleine, grüne Bank. Vielleicht hat auch Theodor Fontane so manche Stunde auf ihr gesessen und übers Leben nachgedacht. Er besuchte häufig seine Eltern in Letschin und arbeitete dann stets »mit rühmlichem Eifer und Geschicklichkeit« (wie ihm sein Vater bescheinigte) in der Apotheke. Monetär schien sich die Sache für ihn zu lohnen, einem Bekannten schrieb er: »Hier in Letschin hab ich die Cavernen meines schwindsüchtigen Porte Monnais‹s halbwegs wieder geheilt.«

1847 trennten sich Fontanes Eltern. Vater Louis Henry betrieb nun die Apotheke allein. Und – wie so häufig – ohne Erfolg. Das hielt ihn nicht davon ab, sich Pferd und Kutsche zu leisten, dem Wein zu frönen und sich dem Spiel hinzugeben. Zwölf Jahre lang betrieb Louis Henry Fontane die Apotheke, im Oktober 1850 verkaufte er sie. So endete die Verbindung der Familie Fontane zu Letschin.

Während Louis Henri sang- und klanglos in das kleine Dörfchen Schiffmühle zog, nahm Theodor etwas Ungewöhnliches aus Letschin mit, eine Leiche. Ein mysteriöser Skelettfund unterm Birnbaum des »Deutschen Hauses« inspirierte ihn zu einer Kriminalnovelle, der eine wahre Geschichte zugrunde liegt: Der Gastwirt Abel Hradschek und seine Frau Ursel betrieben ein Gasthaus im Oderbruch-Dorf Tschechin. Beide lebten über ihre Verhältnisse. Sie liebte den Luxus, er spielte leidenschaftlich gern Karten und war als Wirt sein liebster Gast. Das meiste Geld schuldete er dem polnischen Handlungsreisenden Szulski, der ihm den Wein lieferte. Als Hradscheck eines Tages beim Graben in seinem Garten unter dem Birnbaum auf die Leiche eines französischen Soldaten stieß, entwarf er einen raffinierten Mordplan, der für ihn, für seine Frau und den polnischen Weinhändler tödlich enden sollte. Mehr wird nicht verraten!

Fontanes Novelle »Unterm Birnbaum« erschien 1885. Täter und Tathergang sind von Anfang an bekannt. Die Spannung entsteht lediglich durch Fontanes Kunst des Erzählens. Und durch die Frage, ob und wie das Verbrechen entdeckt wurde. Die Handlung spielt von Oktober 1831 bis Oktober 1833. Ort des Geschehens ist das fiktive Dorf Tschechin im Oderbruch. Schon der Name erinnert an Letschin. Außerdem wird man beim Lesen den Eindruck nicht los, Vater Fontane geistert hartnäckig durch die Handlung.

Mit seinem »Krimi« setzte Theodor Fontane Letschin und der Gaststätte »Zum alten Fritz«, die einst »Deutsches Haus« hieß und seit 2014 leider geschlossen ist, ein literarisches Denkmal.

Kienitz

Kienitz, in unmittelbarer Nachbarschaft zur Oder gelegen, keine zehn Kilometer von Letschin entfernt, wurde erstmals 1234 als »Terra Chinz« urkundlich erwähnt. Wenn man es genau nimmt (und das tun wir), ist Kienitz der älteste Ortsteil der amtsfreien Gemeinde Letschin. Danach folgen Letschin selbst (1336) und Groß Neuendorf, Geburtsjahr 1349. Die Überreste eines alten Burgwalls auf dem Gelände der heutigen Kirche bezeugen die frühere Besiedlung durch die Slawen.

1724 wurde auf Weisung des »Soldatenkönigs« ein Vorwerk in Kienitz angelegt, und zu einer landwirtschaftlichen Domäne entwickelt, die man pachten konnte. Genau das tat Johann Gottlieb Koppe, der in Kienitz für süße Tatsachen sorgte. Er nutzte den seit der Trockenlegung des Bruchs so fetten Ackerboden, um Zuckerrüben, die man damals noch Runkelrüben nannte, anzubauen. Die Pflanze gedieh prächtig im Oderbruch.

Europa war abhängig vom Rohrzucker. Das süße Produkt wurde anfangs in Apotheken verkauft und kostete viel Geld. Ludwig XIV. ließ seine Zuckerdose Tag und Nacht bewachen. Nicht des kostbaren Porzellans wegen, sondern des Zuckers. Das änderte sich schlagartig mit dem Anbau von Zuckerrüben.

1838 ließ Koppe eine erste Zuckerrübenfabrik in Kienitz errichten. 1840 warf das Werk bereits Gewinn ab und wurde zum Vorbild für immer neue Zucker-

Einer friedlichen Nutzung zugeführt: Das Panzer-Denkmal in Kienitz.

Der Kapitän fehlt: Die Fähre für Güstebiese hat in Kienitz angedockt.

fabriken. Insgesamt entstanden 18 Werke im Oderbruch, u. a. in Altmädewitz, Gusow, Kerstenbruch, Friedrichsaue und Golzow.

Nicht nur als Unternehmer, auch als Landwirt war Koppe sehr erfolgreich. Er revolutionierte die Wollschafzucht und stellte die bewährte Dreifelderwirtschaft auf Schlag- und Fruchtwechsel nach englischem Vorbild um. 1849 wurde er in den preußischen Landtag gewählt, dem er bis 1852 angehörte. Die Universität zu Berlin verlieh ihm 1850 die Ehrendoktorwürde. Er war übrigens mit Albrecht Daniel Thaer, dem Agrarpionier im Oderbruch, eng befreundet, ein wissenschaftlicher Disput zwischen beiden trübte später das Verhältnis.

Man kann nicht über Kienitz schreiben, ohne den Zweiten Weltkrieg zu berühren. Während des Endkampfes um Berlin lag das kleine Oderbruch-Dorf wochenlang im Auge des Sturms. Hier überquerte am 31. Januar 1945 die Sowjetische Armee den Fluss und errichtete den ersten Brückenkopf auf westlichem Ufer. Kaum ein Stein blieb auf dem anderen.

Seit 1970 steht ein sowjetischer Panzer, ein T-34, im Dorf und erinnert an diese leidvolle Zeit. Seither wird der damalige Bürgermeister Emil Krüger, der sich mit viel Engagement für den Panzer als friedvolles Denkmal einsetzte, von den Kienitzern ganz vertraut »Panzer-Emil« genannt.

Auch die Kirche, 1831 auf dem Fundament eines Vorgängerbaus errichtet, fiel dem Krieg zum Opfer. Nur die Außenmauern blieben stehen. Der Kirchturm

Am Oder-Neiße-Radweg: Die Kirche lädt zur Andacht auch für Radler.

diente der russischen Artillerie als Fixpunkt. Zwei Monate lang war Kienitz umkämpft. Als alles zerstört war, verschwanden die russischen Kampftruppen in Richtung Berlin.

1951 begann der Wiederaufbau der Kirche und des kleinen Ortes. Der Kirchturm wurde abgetragen, auf das zerschossene Kirchturmdach kam eine kurze runde »Haube«, die östlichen Wände samt Giebel blieben vorerst Ruine, die finanziellen Mittel zum Wiederaufbau reichten vorne und hinten nicht.

Und dann kam Erna Roder! Alles Denken und Handeln der einstigen Krankenschwester, die 1965 als Frau des Pastors nach Kienitz kam, drehte sich um den Wiederaufbau der Kirche. Dazu wollte sie das Talent einbringen, das ihr »der liebe Gott geschenkt« hatte.

Erna Roder war eine wunderbare Malerin. Mit naiven, staunenden Augen guckte sie in die Welt, und malte alles, was ihr gefiel. »Wenn die Sonne scheint und das Herz fröhlich ist, gelingen mir die besten Bilder«, sagte sie einem Journalisten. Ihre »Gemälde« sind eine Liebeserklärung an die Schöpfung. Sie malte auf Papier, Schiefertafeln, Tonscherben und alten Brettern. Wie oft hat sie die Kirche gemalt, die Oderwiesen, die einheimischen Tiere. Menschen dagegen lagen ihr als Motiv weniger bis gar nicht. Ihre Bilder machten sie berühmt. Alles Geld, das sie einnahm, steckte sie in den Aufbau der Kirche.

Heute steht in Kienitz, hinter einer Baumgruppe versteckt, ein strahlend

Passanten in Kienitz: Die derangierten Figuren sind von Erna Roder.

weißes Gotteshaus. Den Turm schmückt eine große Uhr. Darunter, auf einer Granittafel, ist zu lesen: »Gott, meine Zeit steht in deinen Händen.« Dieser Psalm war das Motto von Erna Roder.

In dem herrlichen Bleiglasfenster, das die Ostwand des dachlosen Kirchenschiffs schmückt, bricht sich das Licht des Tages. 2007 starb Erna Roder mit 91 Jahren in der Altenpflegeeinrichtung in Letschin.

Hundert Meter von der Kirche entfernt schlängelt sich der Oder-Neiße-Radweg den Deich entlang. Er ist der Grund, warum das Kienitzer Gotteshaus dem losen Verband der Radwege-Kirchen beitrat. Seither wissen die Pedalritter, dass es für sie am Deichkilometer 39,1 ein Café gibt, dass den schönen Namen »Himmel & Erde« trägt. Dort wartet unter offenem Firmament Kaffee und Kuchen auf sie. Und Rast und Andacht. Und wenn es regnet, wird nicht nur die Erde nass.

Essen & Trinken:

Kirchencafé Himmel & Erde, Radwegekirche, Schulstraße 15, 15324 Letschin OT Kienitz, Tel.: 033478/13 40 13, www.kirchencafe-kienitz.de

---

Groß Neuendorf

Hoch reckt sich der helle, freundlich verputzte Verladeturm im »Kulturhafen Groß Neuendorf« in den Himmel. Zufrieden guckt er auf sein Porträt herab, dass sich im Wasser der Oder spiegelt. Der Turm ist ein Hingucker!

Das markante Wahrzeichen von Groß Neuendorf, 1953 erbaut, diente einst dem Umschlag von Gütern. Alles, was im Oderbruch gepflanzt, geerntet und nicht selbst verbraucht wurde, kam per Lastwagen oder mit der Oderbruchbahn nach Groß Neuendorf. Von hier aus wurden die Dinge in der Welt verschifft. Genauer gesagt nach Stettin, nach Breslau und (über die entsprechenden Kanäle) nach Berlin. Ja, selbst bis England gingen Weizen, Kartoffeln und Gemüse aus dem Oderbruch.

Der Verladeturm ist schon lange auf Rente gesetzt. Trotzdem arbeitet er fleißig in der Tourismus-Branche weiter. Damit folgt er einem gut durchdachten Plan, den sich 2005 der Berliner Architekt Jens Plate hat einfallen lassen.

Die brachliegenden Hafenanlagen und die Gleise der stillgelegten Oderbruchbahn brachten ihn auf die Idee, in dieser schönen Landschaft, so weit, so rau und Berlin so nah, mit der Realität zu spielen, eine neue Welt zu erschaffen.

Aus dem ehemaligen Verladeturm wurde ein exquisites Feriendomizil über vier Etagen. Mit offenem Kamin im Wohnzimmer, mit einem Balkon, einer Loft-

Schlafwagen, Kneipe, Theater: Alte Waggons der einstigen Oderbruchbahn.

Kulturhafen Groß Neuendorf: Der freundliche Verladeturm ist für Gäste da.

Es ist still am Wasser: Nur wenige kleine Boote gleiten lautlos vorüber.

küche und zwei Schlafzimmern. Aus welchem Raum man auch guckt, stets sieht man in die schöne Natur. Die sechs Etagen des Turms sind durch eine Treppe miteinander verbunden.

Unter der Ferienwohnung ist das »Turm-Café« für jedermann, in dem man nicht nur Koffein in vielen Varianten bekommt, sondern auch Informationen über den gut 200 Jahre alten Hafen. Im Erdgeschoss gibt es noch einen Raum für diverse Veranstaltungen.

Auch auf den Gleisanlagen der einstigen Oderbruch-Bahn kann man romantisch übernachten, ohne Gefahr, überrollt zu werden. Seit 1970 gibt es die Bahn nur noch auf dem Papier. Fünf alte Waggons konnten gerettet werden und wurden mit viel Liebe zum denkmalgerechten Detail saniert. Die Fünf in Groß Neuendorf sind durchweg schlicht, aber stilvoll eingerichtet. Drei dienen als Schlafwaggons, der vierte ist ein Bar-Waggon und im fünften residiert das östlichste Theater Deutschlands, das TiB, das Theater im Bahnwaggon.

Man kann diese Bühne – im Gegensatz zum »Deutschen Theater« – privat mieten. Als Geburtstagsüberraschung für gute Freunde oder als Höhepunkt einer Hochzeitsfeier. Ab mindestens 15 Zuschauern hebt sich der Theatervorhang zum erotischen Nachtprogramm, einem Altberliner Kabarett, zum romantischen Klaviervortrag oder einer philosophischen Lesung.

Was noch? Ist alles über Groß Neuendorf erzählt? Nein!

Wegweiser ins Vergnügen: Hafen Groß Neuendorf ist ein Ort der Kultur.

Es gibt einen Fahrrad-Verleih! Und man kann sich ein Kanu mieten um auf der Oder hin und her zu paddeln. Und das Maschinenhaus gegenüber des Lade-turms ist ein Hotel mit Galerie.

Das war's! Hoffentlich! Wir sind keine Enzyklopädie.

Essen & Trinken:
Turmcafé und Ferienwohnung, Hafenstraße 1 a, 15324 Letschin, OT Groß Neuendorf, Tel.: 033478/38 687, mobil: 0157/321 889 75, www.verladeturm.de

Fahrradverleih:
Hafenstraße 2 b, 15324 Letschin, OT Groß Neuendorf, Tel.: 0157/315 882 41, www.fahrradverleih.gross.neuendorf.de

---

Wilhelmsaue

Wer Wilhelmsaue sagt, muss auch Bockwindmühle sagen. Obwohl das Oderbruch gestern noch das Land der Windmühlen war, ist inzwischen hier die von Wilhelmsaue die letzte ihrer Art. Fast jedes Dorf hatte früher eine eigene Windmühle. Friedrich II. war sehr darauf bedacht, mit der Errichtung der Kolonistendörfer auch den Bau von Mühlen zu fördern.

Leider wurden die meisten ein Opfer der Industrialisierung oder der Zweite Weltkrieg schoss sie ab. Als Landmarke boten sie ein hervorragendes Ziel. Die Mühle in Wilhelmsaue ist noch voll funktionstüchtig.

Das Besondere an einer Bockwindmühle ist, dass das gesamte Mühlenhaus auf einem dicken Pfahl steht, der senkrecht in einem hölzernen Stützgestell steckt, dem »Bock«. Auf ihm kann die Mühle in den Wind gedreht werden. Das kostet viel Muskelkraft, aber die Mühe lohnt sich.

Zu Pfingsten, zum Deutschen Mühlentag, geht die Bockwindmühle regelmäßig in Betrieb. Und hält so als Technisches Denkmal die Erinnerung an die handwerklichen Fähigkeiten ihrer Erbauer wach. Mächtige Balken stützen das Mühlenhaus. Bis 1956 wurde Mehl gemahlen, bis 1964 noch Schrot. Dann stand die Mühl leer und verfiel. 1983 begannen die ersten Reparaturarbeiten, 1988 wuchsen ihr Flügel, seit 1995 wird in Wilhelmsaue wieder gemahlen. Und geheiratet. Die historische Bockwindmühle ist eine beliebte Außenstelle des Standesamtes von Letschin. Gefeiert wird traditionell im Gasthaus »So und So«.

Das Hotel Maschinenhaus in Groß Neuendorf wird unser Nachtasyl. Es ist ein schlichtes Hotel nicht ohne Charme. Da es am Oder-Neiße-Radweg liegt, hat man den Fluss stets im Blick. Wir werden morgen zuerst in Gusow Halt machen, dann in Altlangsow, dann kommt Seelow und zuletzt Friedersdorf ... Also, bis morgen!

Sehenswertes:

Bockwindmühle Wilhelmsaue, 15324 Letschin, OT Wilhelmsaue, Tel.: 0162/63 184 78, www.wilhelmsaue.de

Essen und Trinken:

Gasthof »So und So«, Dorfstraße 19, 15324 Letschin, OT Wilhelmsaue, www.wilhelmsaue.de

---

Die letzte ihrer Art: Früher hatte jedes Dorf eine eigene Bockwindmühle.

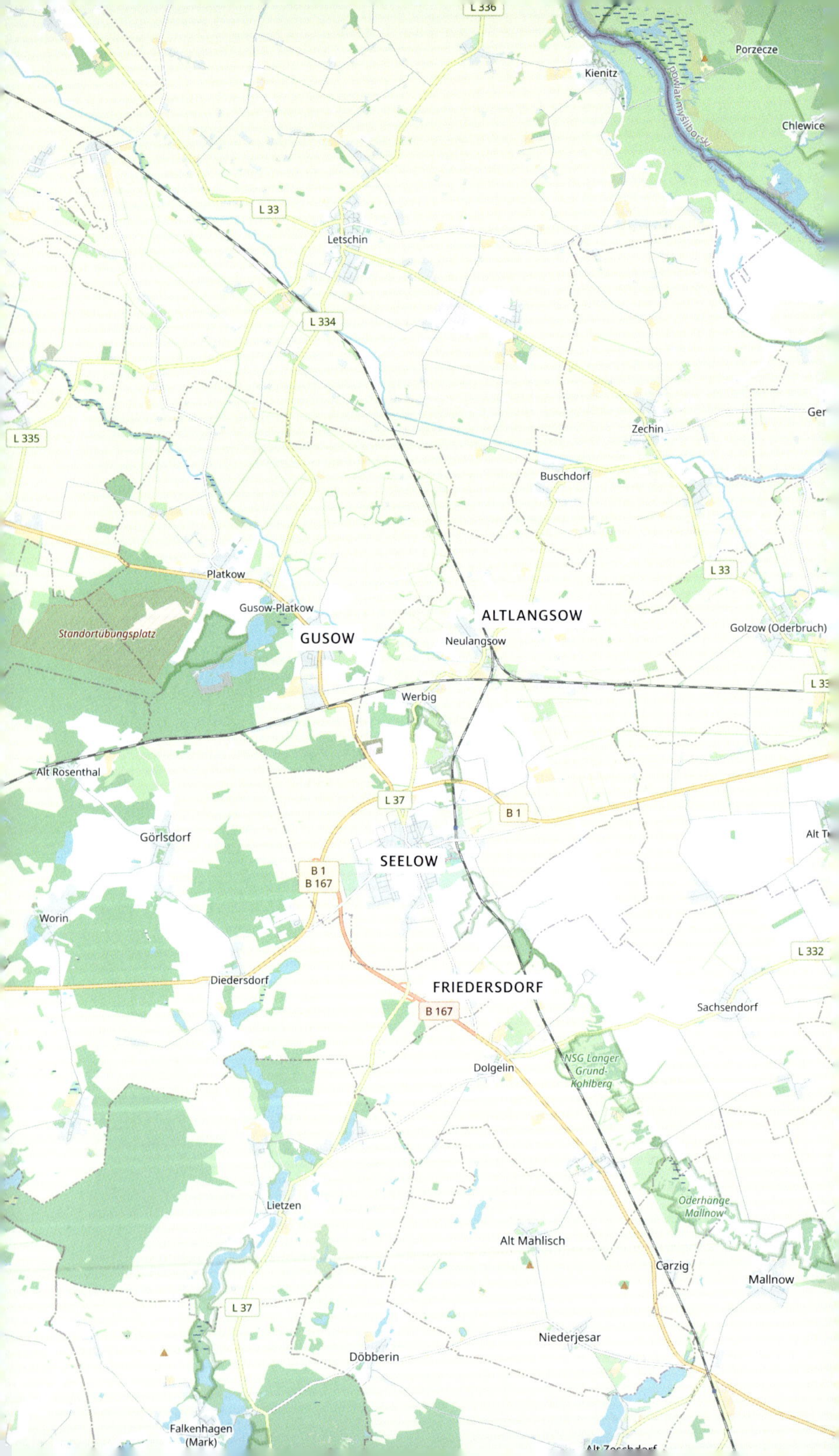

L 336
Porzecze
Kienitz
powiat myśliborski
Chlewice
L 33
Letschin
L 334
L 335
Zechin
Buschdorf
L 33
Platkow
Gusow-Platkow
Standortübungsplatz
GUSOW
ALTLANGSOW
Neulangsow
Golzow (Oderbruch)
Werbig
Alt Rosenthal
L 37
B 1
Görlsdorf
SEELOW
B 1
B 167
Worin
L 332
Diedersdorf
FRIEDERSDORF
B 167
Sachsendorf
NSG Langer Grund-Kohlberg
Dolgelin
Lietzen
Oderhänge Mallnow
Alt Mahlisch
Carzig
Mallnow
L 37
Niederjesar
Döbberin
Falkenhagen (Mark)

Der 6. Tag

Am heutigen Tag wird es tierisch, es geht nach Zicken-Seelow. Nein, nein, das ist kein Schimpfwort, es beweist nur, dass die Seelower clevere Leute sind. Doch davon später mehr. Es war auch ein Seelower, der die Sache mit dem linken Schuh erfand. Werner Otto, ja, der Versandhaus-Otto. Die Hausfrau sitzt gemütlich auf dem Sofa und bestellt sich aus einem 16 Seiten dünnen Katalog (1949!) ein paar Schuhe. Zwei, drei Tage später steht der Postbote vor der Wohnungstür und liefert ein Päckchen. Darin ist ein linker Schuh! Und erst, wenn der passt und bezahlt ist, geht der rechte auf Reisen. So war das damals, als der Otto-Versand in den Kinderschuhen steckte. – Werner Otto, Ehrenbürger der Stadt, wurde 1909 in Seelow geboren. In der Frankfurter Straße.

Gusow

In Gusow, circa sechs Kilometer von Seelow entfernt, war der »alte Derfflinger« zu Hause, Generalfeldmarschall Georg Freiherr von Derfflinger. Ein Oderbruch-Original! Allerdings ein niederösterreichisches. Geboren 1606 in Neuhofen an der Krems, wuchs er »in Gottesfurcht und Redlichkeit (auf), und sein Vater, um niemanden zu beschweren, ließ ihn Schneider werden«. So berichtet es ein gewisser Herr Pauli in seinem Buch »Leben großer Helden«.

Derfflinger, ein Schneider? Nein, das Handwerk hat ihm Pauli wohl angedichtet. Andere »Zeugen« sprechen davon, dass er »von der Muskete auf gedient« habe. Schon besser. Es ist schwer, ein erfülltes Leben nach so langer Zeit in seine Einzelteile zu zerlegen.

Derfflinger war ein großer, kräftiger Mann mit Mutterwitz und derbem Humor. Er war klug und gut erzogen, seine Umgangsformen wurden gerühmt. Auf jedem Parkett konnte er sich bewegen, selbst auf diplomatischem. Er wurde mit manch heikler Mission betraut. Ein gutaussehender Mann war er auch und ein gläubiger Lutheraner. Seine Familie war ihm heilig. Starkes krauses Haar zierte sein Haupt. Er hatte eine breite Stirn, lebhafte Augen, eine große Nase und ein starkes Kinn. Außerdem war er unbequem, stets auf seine Ehre bedacht und leicht verletzbar. Wenn ihm etwas nicht passte, murrte er. Zu Friedrich Wilhelm, dem Großen Kurfürsten, hatte er ein wirklich gutes Verhältnis. Deshalb durfte nur der es wagen, Derfflinger als »Feldmarschall Murrkopf« zu bezeichnen.

Schloss Gusow: Zuerst barock, dann klassizistisch, ab 1873 neogotisch.

Der »Murrkopf« war ein militärisches Genie. Es würde Seiten füllen, seine Siege aufzuzählen, seine Schlachten zu rühmen bzw. sein Raffinement in der offenen Feldschlacht zu preisen. Er hatte Spaß an überraschenden kriegerischen Ideen. Zu einem Höhepunkt seines militärischen Ruhms zählt zweifellos die Schlacht und der Sieg gegen die Schweden bei Fehrbellin (1675).

1646 heiratete Derfflinger Margarete Tugendreich von Schapelow, und erwarb auf einer Versteigerung die Güter Gusow, Platkow und Wulkow für 21936 Taler.

Gusow, 1405 erstmals erwähnt, entwickelte sich unter Derfflingers Kommando prächtig. Ihm verdankt der Ort Schloss, Kirche und Park. Allerdings lässt sich heute die einst so harmonische Verbindung von Landschaft und Architektur bestenfalls noch ahnen. Einige Bäume im Park von Schloss Gusow sind alt genug, um von Derfflinger angepflanzt worden zu sein.

Um mehr zu erfahren, müssten wir auf Fontanes Roman »Vor dem Sturm« zurückgreifen, in dem Gusow als das Dorf »Guse« eine Hauptrolle spielt. Der Park war das »Augenmerk des Alten«, der ihn »glücklicher machte als der Ruhm seiner Taten. … Zypressen und Magnolien wurden unter großen Kosten herbeigeschafft, und noch jetzt führt ein Zedernhain des Parkes den Namen ›Neulibanon‹.« Das Schloss trägt den fiktiven Namen »Hohen-Vietz«, steht im Zentrum der Handlung. In ihm entwickelt Theodor Fontane ein Panorama verschiedenster gesellschaftlicher Schichten und ihrer Ansichten. So, wie der Bau heute vor uns steht, hat er allerdings nichts mehr mit dem Original zu tun. Wie auch?

Schloss Gusow überlebte Napoleon, zwei Weltkriege, wurde mehrfach umgebaut und immer wieder dem Zeitgeschmack angepasst. 1943 nahm es als Kriegsheim Menschen auf, die aus zerbombten Städten kamen. Kurz vor Ende des Zweiten Weltkrieges war es Lager und Gefechtsstand der Wehrmacht. Nach 1945 zog kurz die Sowjetische Armee ins Schloss, 1948 ging es in den Besitz der Gemeinde Gusow über. Zu DDR-Zeiten diente es als Getreidelager, als Geflügelrupf-Anstalt, als Schule, Kindergarten und Sitz der Dorfverwaltung. Im Jahre 1992 verkaufte die Gemeinde das Anwesen für drei Millionen Mark an einen Berliner Architekten. Der bemüht sich seither mit viel Engagement, das Schloss Stück für Stück zu restaurieren und die Sichtachsen im Park wiederherzustellen.

In den unteren Räumen des Schlosses befindet sich ein Zinnfigurenmuseum. Die Sammlung besteht aus gut 20 000 Figuren. Allein die Völkerschlacht bei Leipzig zählt gut 2 000 Köpfe. Einige der Zinnsoldaten sind gerade mal eine Fingerkuppe groß, andere messen mehrere Zentimeter. Viele Dioramen erzählen von der wechselvollen brandenburgischen und preußischen Geschichte. Und natürlich hat Generalfeldmarschall Georg Freiherr von Derfflinger einen Ehrenplatz in dieser interessanten Ausstellung.

Sehenswertes:

Zinnfigurenmuseum, Schlossstraße 7, 15306 Gusow-Platkow, OT Gusow, Tel.: 03346/87 25, info@schloss-gusow.de; www.schloss-gusow.de

---

Altlangsow

In Altlangsow steht ein besonders schönes Exemplar der Gattung Schul- und Bethaus. Es wurde 1832 erbaut. Angeblich hat es Schinkel entworfen. Sagt man. Wahrscheinlicher aber ist, dass er als Preußischer Bauminister lediglich einem Architekten den Auftrag gab, ein vielseitig nutzbares Haus für kleine evangelische Gemeinden zu entwerfen. Nun lag der Entwurf auf seinem Tisch, er gefiel, und Schinkel gab ihn per Unterschrift zur Serienherstellung frei.

Der flache, 27 Meter lange Fachwerkbau mit Backsteinen gliedert sich in einen Betsaal, einen Klassenraum und die Lehrerwohnung. Eine Trennwand in der Mitte des Hauses ordnete die staatlichen und kirchlichen Bedürfnisse. Der Betsaal wirkt erstaunlich groß. Sein helles, warmes Licht wird durch ein großes Fenster an der Westseite erzeugt. Durch die geschickte Verteilung von Säulen gliedert sich der Betraum in ein Hauptschiff mit Tonnengewölbe und zwei schmale Seitenschiffe.

Nach 1970 verlor das Haus seine Bedeutung, keiner betete mehr, und auch die Schule fand anderenorts statt. Der Bau verfiel. Als die meisten ihn schon zerbröselt sahen, meldeten sich der Bildhauer Werner Stötzer und die Bildhauerin Sylvia Hagen, die seit 1979 ihren gemeinsamen Lebens- und Arbeitsort in Altlangsow hatten, zu Wort.

Schul- und Bethaus Altlangsow: Heute ein Ort der Begegnung und Kultur.

Sylvia Hagen und Werner Stötzer: Ein Garten voller Kunst.

Beide fanden, dass dem Oderbruch-Dorf so ein Haus der Begegnung und Kultur gut zu Gesicht stehen würde.

Kaum war der Gedanke in der Welt, fanden sich Mitstreiter. Man gründete einen Förderverein, der das Adverb rührig verdient, brachte das Haus auf Vordermann und seit 1988 spielt es die ihm zugedachte Rolle im geistig-kulturellen Leben des Dorfes. Versammlungen finden in dem großzügigen Haus statt, Ausstellungen bekannter und (noch) unbekannter Künstler aus der Region und Polen, Konzerte, Lesungen und vieles andere mehr.

Sehenswertes:
Förderverein Schul- und Bethaus Altlangsow e. V., Altlangsow 11, 15306 Seelow, OT Werbig/Altlangsow, Tel.: 03346/84 43 43, www.kunst-im-schul-und-bethaus-altlangsow.de. Hier finden auch Ausstellungen statt.

Seelow

Eine in dieser Stärke nie gekannte Artillerievorbereitung leitete am 16. April 1945 um 4:00 Uhr morgens (deutsche Sommerzeit) den Sturmangriff auf die deutschen Linien von Frankfurt/Oder bis Wriezen ein. Im Zentrum des Geschehens standen die Seelower Höhen.

Nahezu 9000 schwere Geschütze, darunter die berüchtigten »Katjuchas«, die »Stalinorgeln«, eröffneten das Feuer. Zeitgleich starteten über 100 Nachtbomber, 20 Minuten später erleuchteten auf einem Schlag 143 Flakscheinwerfer Teile des Oderbruchs. Es war taghell. Dann begann der Sturmangriff. – Das Wort Klimaschutz war noch nicht erfunden.

Ein deutscher Soldat schrieb: »Ein ohrenbetäubender Lärm erfüllte die Luft. Das war ... kein Trommelfeuer mehr, das war ein Orkan, der über uns, vor und hinter uns alles zerriss. Der Himmel war glutrot, als wollte er jeden Augenblick zerspringen. Der Boden wankte, bebte und schaukelte wie ein Schiff bei Windstärke 10.«

Später berichtete Marschall Georgi Konstantinowitsch Shukow, Oberbefehlshaber der 1. Belorussischen Front, dass an diesem Tag 1236000 Granaten mit einem Gewicht von ca. 98000 Tonnen verschossen wurden. Zurück blieben zerstörte Dörfer, Städte, Häuser, Unterstände, Gräben, riesige Einschlagkrater und darin verschüttete Leichen. Bis heute bergen Archäologen Reste der Schlacht und des Soldaten-Alltages. Noch immer gibt die Erde jedes Jahr die Gebeine toter Soldaten zurück, werden 400 Tonnen Altmunition geborgen.

Der Zusammenbruch der deutschen Front machte den Weg nach Berlin frei. Die Seelower Höhen waren der Schlüssel dazu. 30000 deutsche und 18000 sowjetische Soldaten verloren ihr Leben, andere Rechnungen sprechen von 100000 Toten. Wer lebend dem Inferno entkam, hatte Glück. Wie viele Schutzengel waren wohl im April 1945 zwischen Himmel und Erde unterwegs?

Wie ein Grauschleier liegt die Erinnerung an diese Schlacht über Seelow. In den letzten Apriltagen hat die kleine Stadt ihre Seele verloren. Lange Zeit schien es, als würde sie diese nie wiederfinden. Heute ist Seelow eine normale Stadt. Nur die Gedenkstätte in den Seelower Höhen erinnert an die schreckliche Kriegszeit. Kein Tourist – gleich welcher Nationalität – sollte Seelow verlassen, ohne sich das Mahnmal angeschaut zu haben.

Ein Bronzeheld auf einem Granitsockel, 3,90 Meter hoch, die Kalaschnikow vor der Brust, die Gesamthöhe des Monuments beträgt 9,90 Meter, bei Nebel erinnert es an einen von Christo eingepackten Kirchturm. Die beiden sowjetischen Bildhauer Lew Kerbel und Wladimir Zigal haben das Denkmal geschaffen. Im November 1945 wurde es eingeweiht. Die Berliner Gießerei Noack stellte die Skulptur her. Auch ein sowjetischer Soldatenfriedhof gehört zum Ehrenmal.

Gedenkstätte Seelower Höhen: Bronzeheld als Symbol des Sieges.

Von den Seelower Höhen guckt man kilometerweit übers Schlachtfeld ins friedliche Oderbruch.

Es gibt noch zwei weitere Denkmale, die als Sieges-Symbole den ruhmreichen Weg der 1. Belorussischen Front nachzeichnen sollen. Eines stand in Küstrin, es wurde 2008/09 abgerissen, das andere befindet sich im Berliner Tiergarten.

Im Eingangsbereich des Memorials »Seelower Höhen« stehen die Maschinen, die einst Feuer und Eisen spuckten. Da ist der legendäre Panzer T-34, eine 152-Millimeter-Haubitze und – auf einen amerikanischen Lkw montiert – der Mehrfachraketenwerfer »Katjuscha«. Die Kriegsmaschinen sehen friedlich aus. Gäbe es keine Absperrung, die Kinder würden gerne auf ihnen herumturnen.

In der DDR wurde die Schlacht ausschließlich aus sowjetischer Sicht dargestellt. Inzwischen ist das Konzept überarbeitet. Auch die Opfer unter den deutschen und polnischen Soldaten werden gewürdigt, auch der zahlreichen toten Zivilisten wird gedacht. Heute ist die Gedenkstätte ein Ort historischer Forschung. Rund 17 000 Menschen besuchen sie alljährlich.

Seelow, erstmals 1252 als Dorf »Zelou« erwähnt, brauchte genau 21 Jahre, um aus sich eine Stadt zu machen. Eine erstaunlich schnelle Karriere. Die behördliche Genehmigung, sich Stadt (opidum nostrum Selowe) nennen zu dürfen, erhielt der Ort 1278. Von nun an hatte Seelow das Markt- und Braurecht. Die

Kreisstadt Seelow: Verwaltungszentrum des südlichen Oderbruchs.

Herkunft des Namens Seelow liegt bis heute im Dunkeln. Die Ähnlichkeit zum russischen Wort Selo, das Dorf, fällt auf.

Blättern wir also ein wenig in der Biografie der Stadt:

1646 Noch im Dreißigjährigen Krieg richtete der Große Kurfürst eine Reitpostroute von Cleve am Rhein nach Königsberg in Ostpreußen ein. Sie führte über Seelow und trug maßgeblich zur wirtschaftlichen Entwicklung der Stadt bei. 1756 hatte Seelow acht Straßen und Gassen. 1759 wurde die Stadt von Kosaken überfallen. Sie raubten die Kirchenkasse mit circa 2000 Talern, die Armenkasse mit ungefähr 400 Talern und legten dem Prediger Zitelmann den Strick um den Hals, um sein Hab und Gut zu erpressen. 1788 brannten große Teile der Stadt nieder. 1809 verbreiterte man nach einem erneuten Stadtbrand die Straßen und Plätze. Massive Putzbauten lösten die alten Fachwerkhäuser ab und formten ein neues Stadtbild. 1820 stürzte nach der Predigt zum zweiten Weihnachtsfeiertag die Südseite des Kirchturms ein. (Leider ist der Inhalt der Predigt nicht überliefert.)

1863 wurde Seelow Kreisstadt. Sie hatte circa 3450 Einwohner, vier Windmühlen und eine Ziegelei. 1877 eröffnete die Eisenbahn die Strecke von Frankfurt nach Wriezen. Ein Tag später fuhr der erste Güterzug, vier Wochen darauf begann der Personenverkehr. 1895 wurde das Schützenhaus fertiggestellt. 1933, Anfang Januar, nahm auf dem Marktplatz die Seelower SA Aufstellung und

Mitten im Leben: Um die Kirche herum ist ein Stadtzentrum entstanden.

hisste zum ersten Mal die Hakenkreuzfahne auf dem Kreishaus. Landrat Dr. Hildebrand ließ sie sofort wieder entfernen. Kurz darauf wurde er entlassen. Sechs Wochen später nahm er sich das Leben.

1968 Eröffnung der Kegelbahn.

Diese willkürlich aus dem Lebenslauf gegriffenen Daten zeichnen ein Bild von der Stadt, die mitten im Leben steht. Zwar ist Seelow nicht die Schönste im Land, aber trotz architektonischer »Schwächen« ist sie eine gut angezogene Stadt mit rund 5 500 Einwohnern. Hell und freundlich zeigen sich die Straßen. Um die Kirche herum ist so etwas wie ein Stadtzentrum entstanden. Mit Lokalen, Cafés und Gaststätten. Nach Seelow fahren die Oderbrücher zum Schaufenstergucken, zum Arzt, zum Einkauf, um amtliche Dinge in der Kreisverwaltung zu erledigen oder am Abend ein Konzert im Kulturhaus zu besuchen.

Schon lange ist Seelow Kreisstadt, und sie war immer eine der kleinsten in Deutschland. Ab 1863 diente sie dem Kreis Lebus, ab 1950 dem Kreis Seelow. Als die Verwaltungsgrenzen von Märkisch-Oderland neu überdacht und geordnet wurden, setzte sie sich gegen Bad Freienwalde und Strausberg durch.

Die 1830 bis 1832 unter aktiver Mitwirkung von Schinkel erbaute klassizistische Stadtpfarrkirche wird in allen einschlägigen Lexika gebührend gepriesen. Sie erhielt 1998 ihren im Zweiten Weltkrieg gesprengten Turm zurück, der seither der Stadtansicht Charakter gibt. Zu den wenigen Altbauten, die den Krieg

Heimatverein »Schweizer Haus«: Hier gibt es ein »Sammeltassen-Café«.

überlebten, zählt die wunderbar restaurierte ehemalige »Dampfbäckerei« in der Kirchstraße.

Der zweigeschossige Klinkerbau aus dem 19. Jahrhundert war in seinem Leben u. a. Kolonialwarenladen, Ölmühle und Salzlager. Nach 1989 stand das Haus leer und verfiel. 1992 organisierten die Seelower Stadtverordneten Fördermittel vom Land. Mit frischem Geld wurde das alte Haus restauriert.

Heute ist die »Dampfbäckerei« ein Multitasking-Wunder. Sie ist einerseits Offene Keramik-Werkstatt, andererseits sozio-kulturelle Begegnungsstätte der Stadt und drittens steht sie jedermann für kulturelle, künstlerische und soziale Selbstverwirklichung zur Verfügung. Alle drei Monate wechseln die Ausstellungen, haben Maler, Grafiker und Bildhauer die Möglichkeit, ihre Kunst zu zeigen.

Außerdem lieben die Seelower ihr Kulturhaus, diesen klassischen DDR-Bau der fünfziger Jahre. Sein Konterfei ist in vielen Städten zwischen Ostsee und Harz zu entdecken. Das, vor einigen Jahren renovierte, Kulturhaus ist aus dem geistigen Leben von Zicken-Seelow nicht mehr wegzudenken.

Wer nun glaubt, hier habe sich der Autor im Ton vergriffen, irrt. Zicken-Seelow war und ist Oderbrücher Adel. Ab Mitte des 19. Jahrhunderts sprach sich der Name herum. Und er war nicht nur eine Reaktion auf das sehr ländlich geprägte Erscheinungsbild der Stadt, er ist ein frech gefasstes Lob. Es galt und gilt der Seelower Bevölkerung, die entdeckt hatte, dass die Haltung von Ziegen (Ca-

»Schweizer Haus«: Nicht nur Menschen, auch Bienen fliegen drauf.

pra aegagrus hircus) steuerfrei war. Im Gegensatz zur Haltung von Rindern. Und da die Seelower Tatmenschen sind, hielten sie sich fortan keine Rinder mehr, zahlten weniger Steuern, und langsam entstand daraus eine innige Liebe. Hinter jeder Ecke hörte man es meckern, keine Grünfläche war sicher, auf allen Höfen und Straßen Seelows erklang munter »der Ziegen Gesang«. Bald gehörten die Tiere zum Alltag der Kreisstadt.

Und jeder Fremde, der Seelow besucht hatte und in seine Heimat zurückgekehrt war, lobte in den höchsten Tönen Ziegenkäse und die Pfiffigkeit der Zicken-Seelower, die den Steuerbehörden ein Schnippchen geschlagen hatten. Das fand Lob im ganzen Land.

Information:
Tourismusinformation Oderbruch e. V., Mittelstraße 10, 15306 Seelow, Tel.: 03346/84 9808, www.seelow.de, geöffnet: Mo–Fr 10–16 Uhr;
Gedenkstätte Seelower Höhen, Küstriner Str. 28a, 15306 Seelow, Tel.: 03346/597, info@seelowerhoehen.de, www.seelowerhoehen.de, geöffnet: Di–So und Feiertage 11–16 Uhr;
Kreiskulturhaus Seelow, Erich-Weinert-Straße 13, 15306 Seelow, Tel.: 033677/62 94 52, www.kreiskulturhaus-seelow.de;
Förderverein »Alte Dampfbäckerei« e. V., Kirchstraße 1, 15306 Seelow, Tel.: 03346/80 002, www.alte-dampfbaeckerei-seelow.de

Friedersdorf

Das kleine Dorf, wenige Kilometer von Seelow entfernt, entstand nach der Gründung des Bistums Lebus (1133). Als Geburtsdatum gilt das Jahr 1323. Sein Name war »Frederichstorp«, Dorf des Frederik. Im Laufe der Jahre hat sich der Name abgeschliffen zu Friedersdorf. 1682 ging das Gut Friedersdorf durch Heirat an die Familie von Hans Georg von der Marwitz, in deren Besitz es bis 1945 blieb.

Eigentlich sprengt der Kunstspeicher Friedersdorf jegliches bäuerliche Maß. Der historische Getreidespeicher ist so riesengroß, dass er nur mit Mühe in ein Dorf passt. Auch in Friedersdorf distanziert er sich konsequent von den ländlichen Häuserzeilen.

Noch bis 1990 hatte er einen Fulltime-Job. In ihm wurde Getreide gelagert, das bei Bedarf über ein raffiniertes System aus Fahrstühlen und Fallrohren verteilt wurde. Es funktioniert bis heute.

Wie alle großen Dinge hat auch der Getreidespeicher mal ganz klein angefangen, als eingeschossiger Flachbodenspeicher. Das war 1891 gewesen, und erbauen ließ ihn Albert von der Marwitz, der damalige Friedersdorfer Gutsherr. 1922 ließ ihn Bodo von der Marwitz durch vier weitere Lagerböden aufstocken. Das tragende Gerüst des Bauwerkes bestand aus Holz, ummantelt von Mauerwerk. Ein Material, das – wie das Korn selbst – atmete.

Kirche Friedersdorf: Im Ursprung ein mittelalterlicher Feldsteinbau.

Kunstspeicher Friedersdorf: Ein Riese in Inhalt und Form.

Nach der Wende 1990 brauchte die speichernde Trutzburg kein Mensch mehr. Klaglos wurde sie dem Verfall übergeben. Und so ist es gut, dass sich für sie eine Sonderrolle als Kunstspeicher und Technisches Denkmal fand.

Heute finden hier Ausstellungen, Theater-Aufführungen, Lesungen, Workshops und andere kulturelle Veranstaltungen auf fünf Ebene statt. Und die Kochkunst, die zu ebener Erde geboten wird, ist sicherlich nicht die geringste unter den dargebotenen Künsten.

Sehenswertes:

Kunstspeicher Friedersdorf an der B 167, Frankfurter Allee 39, 15306 Vierlinden OT Friedersdorf, Tel.: 03346/84 38 56, info@kunstspeichedr-friedersdorf.de, www.kunstspeicher-friedersdorf.de. Das Wirtshaus öffnet Di–So 11–21 Uhr.

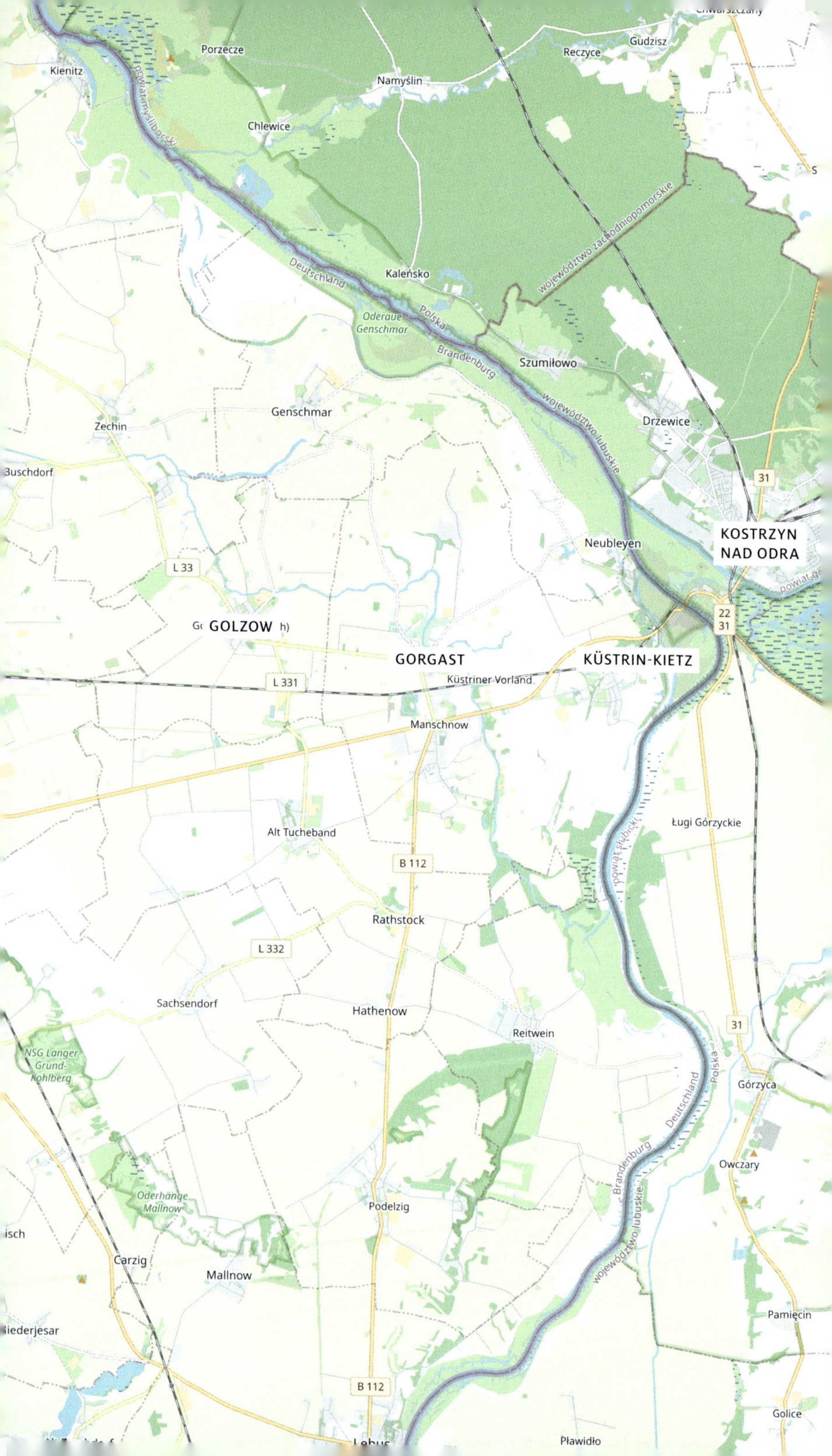

Kienitz
Porzecze
powiat myśliborski
Namyślin
Reczyce
Gudzisz
Chlewice
Kaleńsko
województwo zachodniopomorskie
Deutschland
Polska
Oderaue Genschmar
Brandenburg
Szumiłowo
Genschmar
województwo lubuskie
Zechin
Drzewice
31
Buschdorf
KOSTRZYN NAD ODRA
Neubleyen
L 33
22
31
GOLZOW
GORGAST
KÜSTRIN-KIETZ
L 331
Küstriner Vorland
Manschnow
Alt Tucheband
Ługi Górzyckie
powiat słubicki
B 112
Rathstock
L 332
Sachsendorf
Hathenow
31
Reitwein
NSG Langer Grund-Kohlberg
Polska
Deutschland
Górzyca
Brandenburg
Owczary
Oderhänge Mallnow
Podelzig
województwo lubuskie
Carzig
Mallnow
Pamięcin
B 112
Golice
Pławidło

Der 7. Tag

Natürlich hätte man in Friedersdorf noch mehr über die berühmte Familie von der Marwitz reden können. Oder müssen. Schließlich gehörte sie zu jenen Adeligen, denen Treue und Gehorsamkeit dem König gegenüber als moralische Handlungsgrundlage diente. Diese gültige Wahrheit schloss jedoch eigenes Denken und Handeln nicht aus. So verweigerte Hubertusburg-Marwitz einen Befehl Friedrich des Großen, den er mit seinem Gewissen nicht vereinbaren konnte. Er fiel in Ungnade. Sein Neffe würdigte diese Tat mit der berühmten Grabinschrift: »Wähle Ungnade, wo Gehorsam nicht Ehre brachte«. Über diese Handlungsmaxime lohnt es sich nachzudenken. Und das kann man am besten bei einem Glas Rotwein und in einem Ort, an dem man mindestens eine Nacht bleibt. Der Brandenburgische Hof im Zentrum Seelows ist wie geschaffen dafür.

Golzow

Golzow hat viel Geschichte auf dem Buckel. Das Dorf wurde 1308 erstmals erwähnt. Seine große Zeit kam 650 Jahre später. In der DDR stieg Golzow zu einem vollgenossenschaftlichen Vorzeige-Objekt auf, hatte gut 1000 Einwohner und wurde 1975 mit einem Kulturhaus für 600 Personen belohnt. Plus Kegelbahn und Gaststätte. Zwei Jahre später gründeten Bürger einen Karnevalsverein, der bis heute existiert.

Golzow wurde gern Persönlichkeiten und Delegationen aus den sozialistischen Bruderländern vorgeführt. Für Staatsgäste gab es extra vornehme Sessel. Im Mai 1984 hatte zum Beispiel Nordkoreas Präsident Kim Il Sung das Vergnügen, drei Monate später zeichnete Willi Stoph, Mitglied des Politbüros des ZK der SED und Vorsitzender des Ministerrates der DDR, die LPG Golzow mit dem Karl-Marx-Orden aus.

Unter anderem dafür, dass das Dorf als Zentrum der Gemüseproduktion Berlin zuverlässig mit Salat, Hülsenfrüchten, Mohrrüben, Rot- und Weißkohl sowie Kartoffeln versorgte. Neben diesen alltäglichen Aufgaben machte Golzow 1961 mit einem Kunstprojekt größten Ausmaßes von sich reden.

Eine Golzower Schulklasse wurde von den Dokumentarfilmern Barbara und Wilfried Junge über Jahrzehnte auf Schritt und Tritt »verfolgt«. Das heißt, 18 Schüler der Jahrgänge 1953 bis 1955 erzähltem den Filmleuten ihr Schicksal, ihre Lebensgeschichten, ihren Alltag, ihre Pläne und Wünsche. Gleichzeitig gaben

Ideen muss man haben: 46 Jahre lang begleiteten Filmleute Schulkinder.

sie indirekt Auskunft über die Art und Weise, wie in der DDR gedacht, gelacht und gehandelt wurde, und später, was die Wiedervereinigung aus ihrem Leben und dem ihrer Eltern machte.

Die Filmleute begleiteten »Die Kinder von Golzow« von 1961 bis 2007 für ihre Langzeitdokumentation. Dabei entstanden zwanzig Filme. Mehr als 70 Kilometer Zelluloid und rund 45 Stunden Filmmaterial. Die weltweit längste Dokumentation der Filmgeschichte begann mit dem Film: »Wenn ich erst zur Schule geh«. Die letzten beiden Teile, die in Co-Produktion mit dem RBB entstanden, heißen: »Und wenn sie nicht gestorben sind ...« und »... dann leben sie noch heute«. All die Fakten rund ums Filmemachen, die Anekdoten und Lebensschnipsel wurden gesammelt, bearbeitet, kommentiert und sind heute im Filmmuseum der »Kinder von Golzow« zu besichtigen.

Seit 2014 führt die Gemeinde in ihrem Namen die Zusatzbezeichnung »Ort der Kinder von Golzow«. Zu lesen auf dem Ortseingangsschild.

Sehenswertes:

Filmmuseum »Kinder von Golzow«, Hauptstraße 16, 15328 Golzow, Tel.: 033472/51 882, www.kinder-von-golzow.com, geöffnet Mi–Sa 11–16 Uhr

---

Gorgast

Wer wissen möchte, wie ein Fort in Wirklichkeit aussieht, der sollte Gorgast an der Bundesstraße 1 besuchen. Hier steht so eine Bastion in Reinkultur. Erbaut von 1883 bis 1889 war das Fort wie durch eine Nabelschnur mit der Festung Küstrin verbunden, gehörte zu einem System von Verteidigungsanlagen um Küstrin, an denen sich der Feind die Zähne ausbeißen sollte.

Während Fort Gorgast das Westufer der Oder absicherte, gaben Fort Säpzig, Fort Tschernow und Fort Zorndorf östlichen Flankenschutz. Das Fort strotzte vor Kraft. Das tut es heute noch. Es ist massiv aus roten Backsteinen erbaut, die mit Erde bedeckt sind. Ein drei Meter tiefer und 42 Meter langer Wassergraben umgibt die Anlage. Das Fort war geplant für 250 Infanteristen und 60 Artilleristen.

Gorgast sollte nie die Gelegenheit bekommen, sich im Kampf beweisen zu müssen. Kaum war der Bau vollendet, war er auch schon veraltet. Festung Küstrin und Fort Gorgast wurden von der Zeit überholt. Mittlerweile gab es Geschütze, die weit übers Ziel hinausschossen. Das ist der Grund, warum das Fort so authentisch erhalten geblieben ist.

Dort, wo früher eine Zugbrücke das Kommen und Gehen kontrollierte, führt heute ein aufgeschütteter Damm über den Graben. Torhaus, Mittelkaserne, Frontkaserne sind durch Höfe voneinander getrennt. Ein langer Gang verbindet

Gorgast: Hier steht noch ein 1883/89 erbautes Fort in Reinkultur.

Unter Denkmalschutz: Die dicken Mauern des Forts strotzen vor Kraft.

die Gebäude. Ein 90 Meter tiefer artesischer Brunnen sorgte für frisches Wasser, er ist noch funktionstüchtig. Bis 1995 nutzten die unterschiedlichsten Armeen, von den kaiserlichen bis hin zur Bundeswehr, die dicken Mauern als Munitionsdepot. Ein Sicherheitssystem im Pulvermagazin sollte bei einer möglichen Explosion den Schaden begrenzen. Heute genießt das Fort Denkmalsschutz.

Ein Verein nimmt sich der Bastion an. Zu den Höhenpunkten im Sommer gehört das Oderbruch Open Air (OBOA) Kultur-Festival unter dem Namen »Umsonst und Draußen«. Auch ein Reit- und Springturnier findet im Park statt. Erwähnenswert ist die Gedenkstätte für Gefallene des Zweiten Weltkrieges. Hier ist ein Bruder von Loriot bestattet. Johann-Albrecht Sigismund von Bülow war 20 Jahre, als er fiel. Als die Offensive der Russen auf Berlin am Morgen des 22. März begann, war der junge Leutnant von Bülow bereits tot. »Mein Bruder und ich waren im selben Regiment«, erzählte Vicco von Bülow alias Loriot der Märkischen Oderzeitung. Loriot, der 2011 starb, war 2005 in Gorgast und ließ einen Stein für seinen Bruder setzen.

Information:

Verein »Fort Gorgast« e. V., Fort Gorgast Haus 3, 15328 Küstriner Vorland, Tel.: 033472/51 632, info@fort-gorgast.de, aktuelle Öffnungszeiten siehe: fort-gorgast.de

Küstrin-Kietz / Kostrzyn nad Odra

Bis zum 1. Februar 1945 war Küstrin eine belagerte, aber noch intakte Stadt. Mit Schloss und Kirche, Marktplatz und Gassen, einer Straßenbahn, die quietschend durch das Berliner Tor fuhr, mit kleinen Geschäften, Lokalen und Spazierwegen auf den Festungswällen.

Am 2. Februar begann der Angriff. Nördlich und südlich der Festung Küstrin durchbrach die Rote Armee die deutschen Linien. Sie bildeten zwei Brückenköpfe, die bis Ende März heftig umkämpft waren. Der Wehrmacht gelang weder die Beseitigung der Brückenköpfe noch das Halten der Festung. Als sich der Vorhang aus Staub und Pulverdampf endlich verzog, war die in Jahrhunderten gewachsene Silhouette der Stadt mit den Türmen der Marienkirche und dem Schloss verschwunden. Die prachtvolle Küstriner Altstadt existierte nicht mehr.

Was blieb, war ein riesiger Schutthaufen, in dem es sich Mutter Natur bequem zu machen begann. Schnell gaben Unkräuter, kleine Birkenstämme, Blumen und Gestrüpp den Trümmern Farbe. Die Steinhalden bekamen ihr eigenes Leben. Küstrin wird den Menschen auf ewig im Gedächtnis bleiben, da hier ein Drama geschah, das weit in die Welt hineinwirkte, die Katte-Tragödie.

Das Verhältnis zwischen dem »Soldatenkönig« Wilhelm I. (so genannt, weil er gerne mit seinen Langen Kerls, Soldaten nicht unter 1,88 Meter Körpergröße, spielte) und dem Kronprinzen Friedrich II. war eine Katastrophe. Sehr zum Missfallen des Vaters zeigte Friedrich Neigungen, die Wilhelm zutiefst verhasst waren. Friedrich war ein sensibler, musisch begabter Knabe, der sich für Poesie interessierte, Traversflöte lernte und Latein »paukte«, obwohl ihm das der Vater strikt verboten hatte. Friedrich sollte sich gefälligst um die effektive Verwaltung des Staates kümmern, das riesige Heer auf Vordermann bringen. Doch der Sohn, so empörte sich der Soldatenkönig, »ziehe französischen Brokat dem preußischen Wolltuch« vor, »frisiret seine Haare wie ein Narr« und könne »nicht einmal schießen«. Immer häufiger kam es zum Streit zwischen Vater und Sohn. Der König kannte nur ein Argument, den Stock. Er prügelte gern.

Schließlich hatte Friedrich die Nase voll. Zusammen mit seinem Freund, dem königlich-preußischen Leutnant des Kürrasier-Regiments Garde Gens d'armes, Hans Hermann von Katte, plante er die Flucht nach England. Eine günstige Gelegenheit ergab sich auf einer Reise mit Papa nach Süddeutschland. Leider wurden dort die Fluchtpläne aufgedeckt. Wilhelm I. ließ auf der Stelle seinen Sohn und Katte als »ehrlose Deserteure« verhaften. Beim ersten Verhör fiel er über seinen Sohn her, und schlug ihm mit dem Stock das Gesicht blutig. In einem Brief an seine Lieblingsschwester Wilhelmine schrieb Friedrich: »Ich habe jetzt die bittere Erfahrung gemacht, dass ein feindlich gesinnter Vater das schlimmste auf Erden ist.«

Küstrin: Im Gegensatz zur Altstadt ist die Festung in Teilen restauriert.

Am 25. November 1730 verurteilte ein Kriegsgericht Katte wunschgemäß zum Tode, bat aber den König im selben Moment um Gnade. Wilhelm lehnte ab. Im Falle des Prinzen erfolgte kein Urteil. Die Richter fanden, für Königssöhne wären sie nicht zuständig. Beide Delinquenten wurden nach Küstrin überführt.

Am frühen Morgen des 6. Novembers 1730 wurde der junge Friedrich von seinem Vater gezwungen, an einem Fenster des Küstriner Schlosses stehend, mitanzusehen, wie sein bester Freund durch das Schwert enthauptet wurde. Friedrich sah, wie Katte zur Hinrichtung geführt wurde. Verzweifelt rief er seinem Freund zu: »Verzeih mir, mein treuer Katte!« Und Katte, voller Ehrerbietung und Würde, entgegnete ihm: »Der Tod für einen so liebenswürdigen Prinzen ist süß.«

Dann wurde das Urteil verlesen. Katte nahm von allen Anwesenden Abschied, kniete auf dem für die Hinrichtung bestimmten Sandhaufen nieder und rief: »Herr Jesu, nimm meinen Geist auf!« Nach einem »glücklich gerathenen Streich durch Hand und Schwert des Scharfrichters Coblentz« fiel sein Haupt in den Sand. Die Klinge des über einen Meter langen, fünf Zentimeter breiten Schwertes durchtrennte korrekt eine Handbreit unter dem Ohr den Hals des Verurteilten.

Woher wir das alles wissen? Wir verdanken diese Fakten Theodor Fontane, der sie in seinen »Wanderungen durch die Mark Brandenburg« akribisch be-

Erinnerungstafel für Katte: »Herr Jesu, nimm meinen Geist auf.«

schrieb. Heute erinnert eine Gedenktafel an der Festungsbastion »Brandenburg« an Hans Hermann von Katte.

Im Gegensatz zur Altstadt sind Teile der Festung mittlerweile restauriert. Man kann die roten Backsteinmauern vom deutschen Ufer der Oder aus gut sehen. Die Festung Küstrin, einst nach italienischem Vorbild erbaut, hatte ursprünglich sechs mit Waffen gespickte Bastionen. Drei davon fielen dem Versailler Vertrag zum Opfer, sie mussten geschleift werden.

Was im 16. Jahrhundert mit dem Ummauern der Küstriner Altstadt begann, wuchs über die Jahrhunderte zu einem wehrhaften Bollwerk heran. Im Inneren der Feste, die Ende des 17. Jahrhunderts eine der stärksten in Europa war, hatten sich die Menschen in Sicherheit gefühlt. Schloss, Marktplatz, Kirchen, Wohnhäuser und Gasthöfe – die Festung bestimmte die Geschicke Küstrins und ihrer Bewohner bis zum Untergang.

Übrig blieb am Ende des Krieges auf deutscher Seite das Dorf Kietz, heute Küstrin-Kietz und der völlig zerstörte Ort Küstrin-Neustadt auf polnischer Seite, der als Kostrzyn ein neues Leben begann. Bis zur Öffnung der Grenze zwischen Deutschland und Polen im Jahre 1992 schliefen beide Städtchen fest und tief.

Plötzlich jedoch, angelockt vom großen, grellen Polenmarkt in Kostrzyn, kamen viele Deutsche aus Berlin und Sonstwoher über die offene Grenze, um sich mit Zigaretten einzudecken, Benzin zu tanken, Obst und Gemüse zu kaufen. Im

Festung Küstrin: Luftschächte sorgten für den notwendigen Sauerstoff.

Gegenzug gaben polnische Bürger ihr schwer verdientes Geld in Deutschland für gebrauchte Autos aus. Alles schien normal, wie man so schön sagt. Der Handel florierte, trug aber nicht dazu bei, das Verhältnis zwischen Deutschen und Polen zu entkrampfen.

Es waren »Kleinigkeiten«, Bemerkungen und Witze, die hinter vorgehaltener Hand über die Polen gemacht wurden. Und die Nonchalance, mit der die Polen das Geld der Deutschen nahmen, um dann die Nase über sie zu rümpfen ...

Vielleicht sollte man nicht Zigaretten verzollen, sondern Vorurteile. Und die Ein- und Ausfuhr von Dummheit unter Strafe stellen. Es ist eine Binsenweisheit, dass die Eins, mit sich selbst multipliziert, immer wieder nur die Eins ergibt. Erst die Zwei ist fruchtbar und potenziert vorhandenes Wissen. Man muss aufeinander zugehen, miteinander reden, gemeinsam handeln. Wozu sind Brücken da? So also ist das mit der Oder. Und mit den Deutschen und den Polen. Oder wenigstens so ungefähr.

Immer mehr deutsche Touristen zeigen mittlerweile ein großes Interesse an der Küstriner Altstadt. Wie ein verwunschener Trümmerberg liegen die Reste der untergegangenen Stadt nahe der Oder. Die Polen sind weltbekannte Künstler in Sachen Restauration, aber noch hat kein Politiker den Mut aufgebracht, wie im Märchen vom »Froschkönig« die zerbrochene Stadt wach zu küssen.

1994 hat man halbherzig mit der teilweisen Rekonstruktion begonnen. Der

Blick von der Festung: Unberührt fließt die Oder ihren Weg.

Katte-Wall mit der Bastion »Brandenburg« ist zugänglich, in der Bastion »Philipp« gibt es ein kleines Museum, das Berliner und das Kietzer Tor mit Festungsgraben sind belebt. Fundamente in der Altstadt wurden freigelegt, Kellereingänge vom Schutt befreit, Straßenzüge markiert. Was wird die Zukunft bringen?

Der Verein für die Geschichte Küstrins jedenfalls ist sehr rührig. Er bietet Führungen durch die Reste der Altstadt an, sammelt Erinnerungen und Lebensläufe. Immer mehr deutsche Touristen engagieren sich für eine gute, freundliche Nachbarschaft zu Polen

Laut Fahrplan hält der Regionalexpress RB 26 aus Berlin zweimal in Küstrin. Zuerst in Küstrin-Kietz, dann – sechs Minuten später – im polnischen Kostrzyn. Theoretisch zumindest, wenn nicht gerade an Gleisanlagen und Eisenbahnbrücken gebaut wird. Busse übernehmen dann den Ersatzverkehr zwischen Küstrin-Kietz und Kostrzyn. Das ist unbequem. Aber bequem ist sowieso langweilig.

Sehenswertes:

Museum der Festung Küstrin, ul. Graniczna 1, 66-470 Kostrzyn nad Odra, Tel.: 0048 95/752 23 60, biuro@muzeum.kostrzyn.pl, www.tourist-information-kostrzyn.de, www.kuestriner-vorland.de; **Verein für die Geschichte Küstrins e. V.**, Mecklenburger Straße 4, 15328 Küstrin-Kietz, Tel.: 033479/42 20, kuestrin-3@vfdgkuestrins.de, www.vfdgkuestrins.de

---

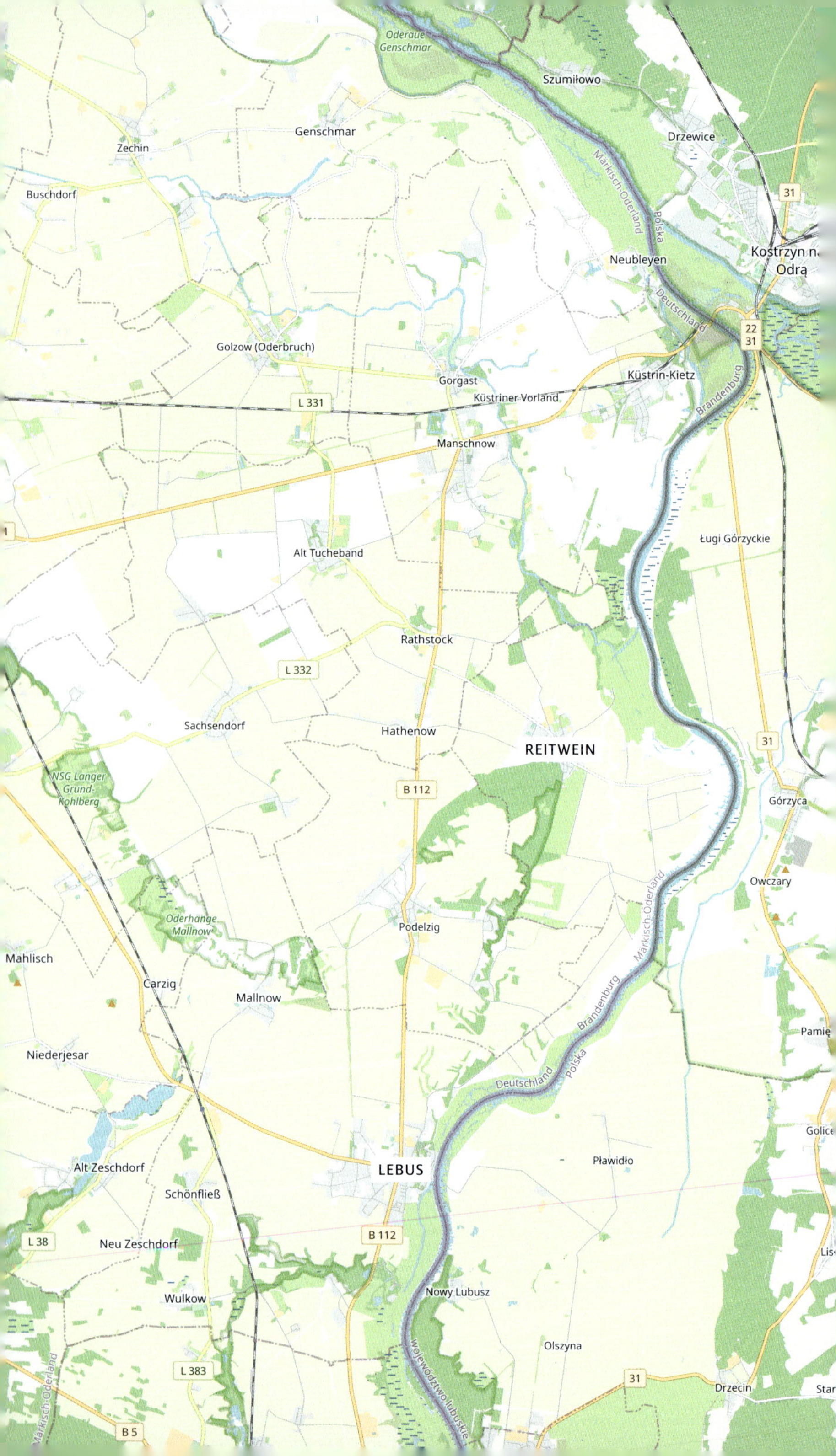

Oderaue Genschmar
Szumiłowo
Genschmar
Zechin
Drzewice
Buschdorf
31
Märkisch-Oderland
Polska
Kostrzyn nad Odrą
Neubleyen
Deutschland
Golzow (Oderbruch)
22
31
Gorgast
Küstrin-Kietz
Küstriner Vorland
L 331
Brandenburg
Manschnow
Ługi Górzyckie
Alt Tucheband
Rathstock
L 332
Sachsendorf
Hathenow
REITWEIN
31
NSG Langer Grund-Kohlberg
B 112
Górzyca
Owczary
Oderhänge Mallnow
Podelzig
Märkisch-Oderland
Mahlisch
Carzig
Brandenburg
Mallnow
Polska
Niederjesar
Deutschland
Alt Zeschdorf
LEBUS
Pławidło
Schönfließ
L 38
Neu Zeschdorf
B 112
Wulkow
Nowy Lubusz
Olszyna
województwo lubuskie
L 383
31
Drzecin
B 5
Märkisch-Oderland

Der 8. Tag

Die südliche Grenze des Oderbruchs ist nah. Reitwein und Lebus sind die letzten Puzzleteile, dann ist das Bild vom Oderbruch fertig. Um noch einmal auf Küstrin zurückzukommen, jährlich findet im Sommer bei Kostrzyn ein riesiges Pol'and'Rock-Festival statt, früher bekannt als »Haltestelle Woodstock«. Die 27. Ausgabe dieses musikalischen Großereignisses feierte sich selbst Ende Juli 2021 auf einem Flugplatz in Makowice (Gemeinde Ploty). Gesundheits- und Sicherheitsbedenken im Zusammenhang mit Covid 19 waren der Grund für den Ortswechsel. Hunderttausende begeisterter Fans aus aller Welt hoffen auf eine Rückkehr nach Kostrzyn. Für die letzte Nacht im Oderbruch wollen wir uns etwas Besonderes gönnen, die Gräfliche Villa in Reitwein. Das klingt vornehm genug, und wir brauchen morgen früh nur aus dem Haus zu treten, und schon sind wir am »Arbeitsplatz«.

Reitwein

Das ist einmalig im Oderbruch! Eine Diplomatentreppe! Um würdevoll, trocken und sauber den Oderdeich erklimmen zu können. Reitwein weiß, was Diplomaten wünschen.

Anlass für die diplomatische Treppe war der 40. Jahrestag der Befreiung von den Nazis. Botschafter aus vierzig Ländern kamen nach Reitwein, um dieses Datum fröhlich zu feiern.

Von Reitwein aus lenkte Marschall Shukow, Befehlshaber der 1. Belorussischen Front, die Schlacht um die Seelower Höhen, die drei Wochen später in Berlin mit der bedingungslosen Kapitulation der deutschen Wehrmacht endete. Der Shukow-Bunker zählt heute zu den historischen Sehenswürdigkeiten im kleinen Reitwein.

Der am alten Hauptarm der Oder gelegene Ort wurde erstmals im Jahre 1316 als »Rhuthewyn« erwähnt. Die schöne Lage am Fuße des 81,5 Meter hohen Reitweiner Sporns, eines Höhenzuges, der wie eine Eiszeit-Nase ins Oderbruch ragt, macht das Dorf so besonders.

Genau genommen ist der Sporn eine langgezogene Hügelkette, die steil zum Oderbruch abfällt. Der Boden hier ist lehmig und von kleinen Tälern durchzogen. Das hinderte die Slawen nicht daran, an der Oder sesshaft zu werden. Die frühen Zeichen einer Besiedlung lassen sich bis ins 7. Jahrhundert zurückverfolgen. Eine im 8. bis zum 10. Jahrhundert entstandene slawische Siedlungsanlage liegt circa einen Kilometer südlich von Reitwein an einem Hang im Odertal.

Gerechtigkeit: Die Diplomatentreppe führt nach oben und nach unten.

Überhaupt sind Reitwein und Umgebung für Wanderer und Radfahrer ein sehr gutes Terrain. Elf Wander-, Rad- und Reitwege kreuzen den Ort. So der Oder-Neiße-Radweg und der Europawanderweg E 11, der aus Holland kommend nach Polen führt. Waldreich und gut ausgeschildert präsentieren sich die Reitwege um Reitwein. Das verwundert ja nicht weiter bei einem Dorf, das Reitwein heißt. Auch eine schöne Rundwanderung um Wuhden, einem Höhendorf am Rande des Oderbruchs, ist zu empfehlen.

Unter den zahlreichen Sehenswürdigkeiten, die Reitwein zu bieten hat, ragt im wahrsten Sinne des Wortes die Backstein-Kirche hervor. Friedrich August Stüler, ein Schinkel-Schüler, hat sie im neogotischen Stil entworfen und sicherheitshalber wegen der nahen Oder auf einen Hügel stellen lassen. Leider wurde sie in der Schlacht um Berlin zur Ruine geschossen.

Nach und nach soll die Kirche wieder ins Leben zurückkehren. Im September 1999 hat sie ihren Turm zurückerhalten, auch die Mauern des noch dachlosen Kirchenschiffs werden peu á peu hochgezogen. Die Wände, übersät mit Einschusslöchern, wurden von russischen Soldaten als Wandtafeln benutzt. Iwan, Grigori und Wladimir haben uns zahlreiche Nachrichten in kyrillischer Schrift hinterlassen, die mittlerweile historischen Status haben, sie sollen in die Sanierung einbezogen werden.

Auch das gibt es nur in Reitwein, heiraten auf Probe. Sich für 24 Stunden

Stüler-Kirche: Noch ist das Wahrzeichen Reitweins eine Ruine.

trauen zu lassen von einem (un)ordentlichen Standesamt. Dieses schöne Spiel hat sich 1909 ein Mann aus dem Reitweiner Männergesangsverein einfallen lassen. Sicher nicht ganz uneigennützig. Jedenfalls kam der Spaß gut an. Immer mehr Frauen und Männern pilgern seither am ersten Wochenende nach Pfingsten in das Oderbruch-Dorf, um mit der Ehe zu spielen. In den 1930er Jahren wurden sogar Sonderzüge von Frankfurt und Küstrin zum »Heiratsmarkt« in Bewegung gesetzt.

Ein großes Volksfest ist im Laufe der Jahrzehnte aus dem Spaß geworden, der manchmal »bitterer« Ernst werden kann. Denn schon seit einiger Zeit ist der Gasthof »Zum Heiratsmarkt« eine ordentliche Außenstelle des Standesamtes Lebus. Eine beliebte Adresse für verliebte Paare. Kurz ist da in Reitwein der Weg vom Ja-Wort zur Festtags-Tafel.

Essen & Trinken:
Gaststätte »Zum Heiratsmarkt«, Triftweg 3, 15328 Reitwein, Tel.: 033601/31 74, www.zum-heiratsmarkt-reitwein.de

Kulturelles:
Konzerte und andere Veranstaltungen in Reitwein und Umgebung unter www.live-in-reitwein.de

Lebus

Es ist vorbei mit dem flachen Oderbruch, die Lebuser Landschaft zeigt sich wellig und bewegt. Lebus sieht aus wie ein kleines Gebirgsstädtchen mit einem großen Fluss zu Füssen. Viele klare Seen inmitten herrlicher Mischwälder aus Hainbuchen, Traubeneichen und Linden liegen um den Ort.

An den Hängen des Odertals gedeihen Trockenrasengebiete mit Wacholder, einem Wildgehölz aus der Familie der Zypressen. Zahlreiche Pflanzen- und Tierarten, die in Deutschland und Europa vom Aussterben bedroht sind, leben hier. So die europäische Sumpfschildkröte und im Frühjahr das berühmte Adonisröschen. Die Waldbestände sind auf der polnischen Seite des Lebuser Landes so archaisch, dass man sie Urwälder nennen muss.

In den Auen und Feuchtwiesen der Flusstäler rasten (und nisten) Fisch- und Seeadler, Weißstörche, Kraniche und Graureiher. Das Lebuser Land hatte 2003 und 2004 die Ehre, »Landschaft des Jahres« zu sein. Grenzüberschreitend in Deutschland und Polen. So einen Titel, der alle zwei Jahre vergeben wird, bekommt man nicht geschenkt.

Gewählt wurde das Lebuser Land vom Internationalen Dachverband der 1895 ins Leben gerufenen NaturFreunde-Bewegung, die über 40 Länder repräsentiert und weltweit zu den größten Nichtregierungs-Organisationen zählt. In der Begründung spielte Wasser eine große Rolle.

»Oder, mein Fluss, / der keine Quelle hat: / in Tropfen sickert es / aus Gebirgen von Zeit, / Wasser, das nach Kindheit schmeckt.«

Dieses schöne Gedicht hat Günter Eich geschrieben. Er wurde 1907 in Lebus geboren, 1918 übersiedelte die Familie nach Berlin. Eich kehrte nie mehr nach Lebus zurück. Aber bis ins hohe Alter, er starb 1972, tauchte in seinen Erinnerungen die Oder auf.

Lebus liegt direkt am Oderhang. Die einstige Bischofsstadt, um 1109 erstmals erwähnt, sitzt mit einem Stadtteil auf der Lebuser Hochfläche, ein anderer hält die Uferregion besetzt. Wie über eine Leiter klettert das Straßennetz den Hang empor, für einen Marktplatz fand sich kein passender Raum. Nur noch wenige historische Bauten gibt es in der Stadt. Die Altstadtsanierung ab 1999 gab den Straßen und Plätzen ein frisches Aussehen. Ein schwarz-rot-goldener Grenzpfahl am Fluss markiert die östliche Grenze Deutschlands.

Einer der ältesten Bauten der Stadt ist die Pfarrkirche St. Marien aus dem Jahre 1810. Die einzige hier noch vorhandene von ehemals fünf Kirchen steht prominent auf einer dem Turmberg vorgelagerten Anhöhe. Sie ist erbaut auf den Grundmauern eines Gotteshauses aus dem 13. Jahrhundert. Von 1355 stammt die erste sichere Erwähnung. Ältester Teil ist der vieleckige Chor mit der heute noch erhaltenen »Krypta« aus dem späten Mittelalter (14./15. Jahrhundert).

Blick auf die Oder: In Lebus ist es vorbei mit dem flachen Oderbruch.

1801, beim großen Stadtbrand, wurde die Stadtkirche bis auf die Grundmauern zerstört. Der Neuaufbau erfolgte 1810 als kreuzförmiger Putzbau mit Kirchturm im Westen, dem Langhaus, dem Querschiff und der Sakristei im Osten. 1905 erhielt die Kirche einen neuen Turmaufbau.

Hoch überragt der Burgberg die Altstadt. Querrinnen teilen ihn in den Pletschen-, Schloss- und Turmberg. Die steil abfallenden Hänge zur Oder sind etwas ganz Besonderes. Vom Burgberg aus lässt sich eindrucksvoll beobachten, wie die Oder ihren Weg zieht, das Land teilt und das Land eint.

Schon vor über 3 000 Jahren siedelten hier Menschen. Auf dem Burgberg (550 Meter lang und 100 Meter breit und gut 50 Meter hoch) wurden in den 1990er Jahren Reste starker Befestigungsanlagen ausgegraben, die zu den ältesten und größten in Mitteleuropa zählen. Der Berg galt lange Zeit mit seinen schroffen Steilhängen als uneinnehmbar.

Auf dem Plateau geben Elemente aus Cortenstahl, ein wetterfester Baustahl, den Umrissen einer ehemaligen Burg Statur. Die Mauern sind als 70 Zentimeter hohe Reliefs nachgebildet, mit Erde gefüllt und begrünt. Markierungen im Straßenpflaster helfen bei der Orientierung. Ein ehemaliger Turm vor der Westseite der Burg ist ebenfalls mit Cortenstahl ummantelt und abgedeckt. Dem Bergfried in der Mitte der Anlage geht es nicht viel anders. Eine Zugbrücke spannt sich 22 Meter über einen Graben zum Vorburgbereich.

Übriggeblieben: St. Marien ist die letzte von ehemals fünf Kirchen.

Attraktion: Im Frühjahr blühen an den Fluss-Hängen die Adonisröschen.

Diese beeindruckende Burg-Illusion nutzt bewusst Farbe und Eigenschaften des Cortenstahls, der nur an der Oberfläche rostet. Eine dichte Schicht aus Sulfaten verhindert eine in die Tiefe gehende Korrosion und gibt den einzelnen Gebäuden und dem Gesamtensemble eine ganz eigene Patina. Diese Unempfindlichkeit gegenüber Witterungseinflüssen macht das Material so lebendig und interessant. Im Mai 2014 wurde die Anlage der Öffentlichkeit übergeben.

Lebus selbst war schon 1124 Bischofssitz, bekam 1226 das Stadtrecht und um 1250 gelangte der Landstrich an die askanischen Markgrafen Johann I. und Otto III. Sie hatten ihn aus der Erbmasse des verstorbenen Piasten-Herzogs Heinrich I., des Bärtigen, zugesprochen bekommen.

Mit sichtlichem Vergnügen entdeckte Johann, das da eine kleine Siedlung zum Erbe gehörte, »Vrankenvorde«. Als praktizierende Machtpolitiker wussten die markgräflichen Brüder, dass es in einem so wilden, weiten Land wichtig war, einen festen Standpunkt zu besitzen. Und so taten sie alles, um »Vrankenvorde« den Rücken zu stärken. Sie »verpassten« dem Ort das Berliner Recht, sicherten den Bürgern sieben steuerfreie Jahre zu, gestatteten ihnen, »auf eigene Kosten« eine Brücke über die Oder zu bauen und verliehen Frankfurt das Niederlage- und Stapelrecht, die Lizenz zum Gelddrucken. Dieses Privileg zwang alle Händler, die kamen und über die Oder wollten, ihren Weg durch Frankfurt zu nehmen. Hier mussten sie für drei Tage ihre Waren wohlfeil zum Verkauf anbieten.

Reste der alten Lebuser Burg: Wiederentdeckt und in Stahl verpackt.

Nachdem all dies geregelt war, setzte Johann zufrieden sein Siegel unter das Regelwerk. Die Stadt lag nun kraftvoll »zwischen Weinbergen und Obstgärten«, wie der Historiker Wolfgang Jobst 1561 in seiner »Kurtzen Beschreibung der alten löblichen Stat Franckfurt an der Oder« schrieb. »Hart an der Stat gegen Aufgang der Sonnen fleust die Oder.«

Frankfurt stieg auf, und Lebus ging unter.

Heute ist der einstige Bischofssitz eine beschauliche Kleinstadt mit rund 3 000 Einwohnern. Nur ab und an erinnert jemand in Festtagsreden an die große Vergangenheit. Fast in Vergessenheit geraten ist die Kaiserwahl, die am 29. Juni 1239 in Lebus stattfinden sollte. Die königlichen Wahlmänner waren schon auf dem Weg in die Stadt, als ein interner Machtkampf ausbrach, und die Wahl ins Wasser fiel.

1385 wurde der Bischofssitz nach zweimaliger Zerstörung der bischöflichen Kirche endgültig nach Fürstenwalde verlegt. Nach der Säkularisation im 16. Jahrhunderts und dem Wüten eines Feuerteufels 1589 und 1631 verkümmerten die Bauwerke auf dem Turm- und dem Schlossberg, 1765 mussten sie abgetragen werden. Lebus verlor immer mehr an Bedeutung.

Im Jahre 2003 nach Christus entdeckten Archäologen bei Grabungen auf dem städtischen Burgberg per Zufall den größten Bronzeschatz zwischen Elbe und Weichsel. Der Fund zeigte, welche Rolle Lebus als Siedlungsplatz schon in der

Bronzezeit gespielt hatte. Plötzlich war die kleine Stadt wieder in aller Munde. Von einem Sensationsfund war die Rede. Er gab all jenen Archäologen Recht, die geglaubt, beharrlich gegraben und voller Hoffnung Meter um Meter abgetragen hatten ... Endlich mit Erfolg: 101 Beile, zwei Fußringe, das Stück eines Schwertes und ein Klumpen Bronze. Fast 3000 Jahre Geschichte lag da vor ihnen.

Heute befinden sich die Originalstücke im Landesmuseum in Brandenburg an der Havel. Im Heimatmuseum »Haus Lebuser Land«, es residiert in einem der ältesten noch vorhandenen Fachwerkhäuser der Stadt, sind Kopien des Fundes zu sehen. Sehr zum Vergnügen der vielen Wanderer, Skater und Radler, die den »Oder-Neiße-Radweg« nutzen, um der kleinen Stadt Referenz zu erweisen.

Lebus verfügt über eine gute Infrastruktur, die bei touristischem Andrang nicht nur der eigenen Bevölkerung zugutekommt. Diesen Andrang gibt es Jahr für Jahr. Naturfreunde aus ganz Europa strömen im Frühjahr herbei, um die geschützten, mit gelben Adonisröschen bestickten Pontischen Hänge bei Lebus zu bewundern. Angeblich wurde der schöne Grieche Adonis bei einem Jagdvergnügen von einem Keiler tödlich verwundet. Aphrodite, seine trauernde Geliebte, nahm eine Blume und ließ sie vom Blut des Dahingeschiedenen trinken. Seither blüht in jedem Frühjahr diese Blutrose in gelber Pracht. Und Adonis kehrt Ende April/Anfang Mai in die Oberwelt zurück. Getarnt als Hahnenfußgewächs, als Adonis Vernalis.

Doch Vorsicht! Die schöne Pflanze ist sehr giftig.

Information:

Info Punkt Amt Lebus, Kietzer Chaussee 1, 15326 Lebus, Tel.: 033604/63 758, info punkt@amt-lebus.de, www.amt-lebus.de

Sehenswertes:

Museum Haus Lebuser Land, Schulstraße7, 15326 Lebus, Tel.: 033604/230, heimatverein.lebus@t-online.de, www.heimatverein-lebus.de;
Pontische Hänge & Adonisröschen, Adonisröschen-Themenpfad, Oderhänge südlich Lebus.

DER DEICHLÄUFER

Edgar Petrick ist ein Eisvogel. Das, was er beobachtet, meldet er dem Sturmvogel. Der gibt die Nachricht an die Möwe weiter. Und die, blitzschnell und zupackend, meldet sie dem Adler. Der Adler ist die Einsatzleitung mit dem Landrat an der Spitze. So geht die Befehlskette, wenn der Deich in Gefahr ist.

»Wir Eisvögel sind die verlängerten Arme und Augen des Landrats«, sagt Edgar Petrick. »Bei ihm fließen alle Informationen zusammen.«

Es ist bitterkalt. Raureif hat sich auf die Pflanzen gesetzt und eine weiße Märchenwelt erschaffen. Wir stehen bei Kilometer 40,1 auf dem Deich in Kienitz, scharf weht der Wind von der Oder her. Wie mit spitzen Nadeln traktiert er die Haut. Seit Tagen führt der Fluss Hochwasser, Eisplatten schwimmen darin, sie können dem Deich schweren Schaden zufügen. Edgar Petrick fühlt sich nicht wohl bei diesem Gedanken.

Sobald Alarmstufe 3 (von vier möglichen) angesagt ist, wird Edgar Petrick, der Leiter der Letschiner Heimatstuben, zum ehrenamtlichen Deichläufer. Dem Deich vertrauen die Oderbrücher bei Hochwasser ihr Leben an und ihr Hab und Gut. Der kleinste Schaden muss erkannt und gemeldet werden, sonst kann es zur Katastrophe kommen.

Die Überwachung des Deiches erfolgt abschnittsweise in 12-Stunden-Schichten durch zwei Personen, die sich bei Bedarf gegenseitig absichern können. Je nach Topografie und Witterung geht es zwei Kilometer hin, zwei Kilometer zurück. Gestellt werden allein Kleidung und Verpflegung.

»So ein Abschnitt kann auch drei oder vier Kilometer lang sein«, erzählt »Eisvogel« Edgar Petrick, »das hängt ganz davon ab, wie schwierig er ist. Ein Helfer läuft auf der Deichkrone, beobachtet diese und die Wasserseite. Ein zweiter geht den Deichfuß entlang, prüft ihn und das Hinterland des Deiches. Gesucht werden Sickerstellen, Eisversetzungen, Ausspülung von Erdmaterial und Ähnliches. Sehr gefährlich sind im Wasser treibende Baumstämme ...«

Die Meldungen über den Zustand der Deiche sollen sachlich und verständlich sein. Da ist kein Spielraum für Fantasie. Folgende Fakten müssen enthalten sein: Deichkilometer, Art des Schadens, Zeit der Feststellung des Schadens, Name des Meldenden. Und im Übrigen hat man der DIN 19712 »Flussdeiche« zu folgen.

Edgar Petrick bleibt stehen, sein Blick geht in den Himmel. Er taxiert die schweren, schwarzen Wolken, die der Wind vor sich hertreibt. Dann blickt er auf die schnell fließende Oder. Seine Körpersprache signalisiert:

Deichkilometer 40: Ab Alarmstufe 3 wird der Deich ständig überwacht.

Heute besteht keine Gefahr! In Hohensaaten ist der Hochwasser-Pegel stabil. Weiter flussaufwärts hat sich die Lage entspannt. Doch Tauwetter und Eisversetzungen können die Situation schnell ändern.

»Die Pegelstände des Jahrhunderthochwassers von 1997 hat jeder von uns noch im Kopf«, sagt Edgar Petrick.

Weiterführende Literatur

Das Oderbruch
Band 1 und 2, Herausgegeben von Peter Fritz Mengel.
Verlagsgesellschaft R. Müller m.b.H., Eberwalde 1930

Zwischen Oder und Spree
Unterwegs in Frankfurt (Oder), Märkisch-Oderland und dem Oder-Spree-Kreis
Findling Buch- und Zeitschriftenverlag, Neuenhagen

Die Oder – geliebt und unvergessen
Bilder und Gedanken der Erinnerung
Herausgegeben von Herbert Hupka
Verlag Gerhard Rautenberg, Leer, 1992

Oderbruch – Im Frieden erobert
Die Mark Brandenburg
Vierteljahresschrift, Heft 24/1997
Lucie Großer Verlag, Berlin

Wanderungen durch die Mark Brandenburg
Von Theodor Fontane, Band 1/II, Das Oderland
Aufbau-Verlag, Berlin 1991

Das Oderbruch
Zur Geschichte einer Landschaft von Erwin Nippert
Brandenburgisches Verlagshaus 1995

Wege ins Bruch 1
Erweiterter und kommentierter Nachdruck von C. Riesel's Ausflüge und Ferienreisen in die märkische Heimath Wegweiser durch das Oderbruch. Berlin 1865
Herausgegeben vom Oderbruch Museum Altranft 2019

Ich habe eine Provinz gewonnen
250 Jahre Trockenlegung des Oderbruchs
Frankfurter Oder Editionen 1997

Kunersdorf und die Frauen von Friedland
Von Reinhard Schmook
Der Kunersdorfer Musenhof – kulturhistorisches Kleinod mit 240-jähriger Tradition
Findling. Kunersdorf 2008

Die Oder
Lebenslauf eines Flusses
Von Uwe Rada
Gustav Kiepenheuer Verlag, Berlin 2005

Bildnachweis

Die Fotos im Buch stammen von Bernd Siegmund.
Ausgenommen davon: akg-images/euroluftbild.de/Robert Grahn: S. 47; Archiv Andreas Karge: S. 33; Ingrid Feix: S. 9, 21, 41, 51 o., 114, 115; Frank Goyke: S. 166; OpenStreetMap: 28, 48, 70, 94, 118, 138, 152, 162; shutterstock: S. 26/27; Wikimedia commons/Assenmacher: S. 154; Wikimedia commons/Jörg Blobelt: S. 140; Wikimedia commons/Brg. S. 164.

Der Autor

Bernd Siegmund, geboren 1942 in Berlin, arbeitet als freier Buchautor, Reisejournalist und Fotograf. Zu seinen zahlreichen Veröffentlichungen zählen u. a. Reisereportagen und Bildbände, vor allem über die Länder Mecklenburg-Vorpommern und Brandenburg. Zuletzt erschienen von ihm u. a. Bücher über die Schorfheide, das Ruppiner Land, die Märkische Schweiz, Potsdam, Usedom, die Altmark, den Spreewald sowie Uckermark & Barnim. Bernd Siegmund lebt in Berlin und in der Uckermark.